La Mujer Que Enloqueció Por Un Pata De Camello!

NILDA-CONCHITA ACOSTA

Para pedidos de copias adicionales de este libro,
por favor contacte con:
Palibrio
1663 Liberty Drive
Suite 200
Bloomington, IN 47403
Llamadas desde los EE.UU. 877.407.5847
Llamadas internacionales +1.812.671.9757
Fax: +1.812.355.1576
ventas@palibrio.com
[387406]

"La Mujer que Enloqueció por un Pata de Camello"

POR NILDA-CONCHITA ACOSTA

DEDICATORIA

Quiero dedicar este libro al pulmón de mi vida, la razón de mi existencia: mis hijos
Rolando y Rochelle Fernández Acosta.

DEDICATORIA ESPECIAL

Gracias ...

" *recuerdenme como una mujer alegre,*
feliz, linda, que no se rinde "

Claribel Pabon Arenas
18 / Octubre / 1965
06 / Mayo / 2010

Claribel Pabón Arenas
1965-2010

A mi buena amiga y hermana del alma de toda la vida,
Claribel Pabón, quien fuera una mujer guerrera, incansable luchadora. Gracias por darme
el ejemplo de ser una mujer con corazón.

¡QUÉ DESCANSE EN PAZ!

AGRADECIMIENTOS

Quisiera agradecer a tantas personas en mi vida que no bastaría ni las páginas de cien libros para escribir tantos nombres porque de una forma u otra han contribuido a mi existencia.

Gracias, **DIOS**, por siempre darme la fortaleza y la firmeza para seguir adelante y ver tu mano a lo largo de mi camino.

A mi Guerrera Mayor, ***Conchita Arroyo***, mi madre . . . por enseñarme el buen camino y por poner siempre todas sus energías y fuerzas para luchar por sus dos tesoros: por mí y por mi hermana.

William Acosta, mi padre . . . quien resultó ser mi mejor amigo, mi consejero y mi apoyo en los momentos más difíciles de mi vida.

Irfan Abdulrasul, por toda tu ayuda, tu confianza, tu hermosa amistad y sobre todo, por apoyarme en mi sueño: la publicación de este libro. ¡Eres muy especial en mi vida!

Mi mejor amiga, ***Vionette Pietri***, quien siempre ha confiado en mí. Me enseñó a descubrir la diosa que hay en mí, a perseverar en mis sueños y verlos como realidades. Gracias por ayudarme y apoyarme para que este libro se hiciera una realidad.

Mildred Artau, por sus consejos llenos de sabiduría que fortalecen mi espíritu. Su confianza en mí ha sido un pilar fuerte para vencer todos los obstáculos.

Ingrid Berkley, tu sensibilidad me ayudó a sobrellevar mis momentos tristes y a tener Fe que Dios no me quitará nada que no me remplazará por algo mejor.

Mis amadas amigas de La Mesa Redonda, ***Ana Arvelo y Elizabeth Feliciano***, por compartir conmigo los buenos y malos momentos; por siempre prestarme sus oidos cuando más afligida estaba.

Doña Isabelita, quien siempre me llamó 'La Madraza'. Como una madre me refugió en sus alas y me brindó las herramientas necesarias para emprender mi nuevo camino por la vida. Sus oraciones y bendiciones fortalecieron mi espíritu.

Rubildo López, por diseñar el dibujo del capítulo final.

Samir Joza, por tener la iniciativa de diseñar la portada de este libro.

Mis buenas amigas **Amarilis Cruz y Abby Quiñones**, que me han enseñado que todavía existen las amistades verdaderas.

No me he olvidado de ti querida hermanita, ***Virgen Acosta*** . . . el amor, **¡Sí Existe!**

Y a todas las ***Mujeres Guerreras*** que al igual que yo creen en el amor y no importa cuál sea el resultado, se levantan y vuelven a luchar sin mirar atrás.

ÍNDICE

PRÓLOGO

Definitivamente, si, después de leer el manuscrito de este libro, como dice Nilda Acosta, la autora de "La Mujer que Enloqueció por un Pata de Camello," el amor es la fuerza más poderosa. La historia de amor que comparte esta maravillosa mujer te va a servir de inspiración para salir adelante, sin importar las difíciles circunstancias que se te presenten al ir en búsqueda del amor.

A través de sus relatos estoy segura logrará sacarte lágrimas y muchas carcajadas. Con su estilo único de contar lo que siente su corazón, se universaliza y se convierte en cada mujer que como ella es madre, lucha en la vida y sobrevive una relación que la hirió inmensamente.

Somos muchas las mujeres que nos vemos en su espejo, que vamos por la vida soñando con el hombre ideal, para darnos cuenta que nadie es perfecto y que el amor no lo es. Que necesitamos amarnos sobre todo a nosotras mismas para estar preparadas y poder recibir el amor de un hombre a plenitud.

Formé parte de esta historia, a través de nuestros encuentros de amigas y por medio de nuestra comunicación vía correos electrónicos. Al principio de esta relación en la vida de Nilda, por nuestros respectivos trabajos no teníamos mucho tiempo para compartir y ella comenzó a escribirme lo que leen en este libro. Recuerdo que quería saber un poco más de su interesante historia e incluso me alegraba el día con sus ocurrencias, con su forma divertida de sobrepasar los retos que le acontecían al ir tras el amor…

Precisamente, eso pretende la autora en este libro, ayudarte a sobrepasar lo que estés pasando, acompañarte en la lucha por la vida, por el amor, sin perder la alegría de vivir.

La autora de este libro es una mujer genuina, real, como tú y como yo. Una mujer que descubre, después de muchos años sin el amor de un hombre que la haga estremecer, que aún vive, siente y tiene derecho a amar.

¿Qué hiere a una mujer? ¿Qué deseamos las mujeres? ¿Qué necesitamos para ser felices? ¿Cómo piensan los hombres? ¿Qué sienten? ¿Vale la pena todo por amor?

Son preguntas que te harás cuando leas esta fascinante historia llena de pasión que te transportará al Lejano Oriente y que tal vez también refleje tu corazón de mujer enamorada capaz de todo.

Un libro ideal para mujeres y hombres que van en búsqueda del amor.

Por: Vionette Pietri, J.D.
Escritora, Abogada y Motivadora.

INTRODUCCIÓN

Nunca me ha gustado hablar de mí y no viene al caso decir de dónde soy y a dónde voy; mis triunfos o mis fracasos. La esencia está en el mensaje que quiero transmitir. La esencia eres tú. Tú, Mujer que sabes luchar, amar, ser madre, esposa, amante, amiga, ser una Mujer Completa. No importa de dónde vienes, qué idioma hablas, qué estatus social tengas, simplemente eres mujer y yo soy tú.

A Mi Beduino

Por: Vionette Pietri, J.D.

En tus brazos me siento odalisca
tu piel del desierto me tienta . . .
y cuando en un encuentro fugaz te entregas
me elevas en una alfombra mágica
donde solo existe este amor que me enloquece
que aunque luche en su contra
cada día crece . . .

Cuando escucho tu voz sensual de beduino
me juro a mi misma que serás sólo mío
y cuando me pierdo en tus ojos apasionados
te siento mi dueño.

Este amor del desierto que siento
que es lejano, que es eterno
es solo tuyo . . .
aunque pase noches sola escuchando solo mis murmullos.

Cada vez que me abrazas y me envuelves con tu olor masculino
Me llenas el alma, ¡entonces vivo!
Soy toda tuya y tú eres mi beduino.

Para mi mejor amiga Nilda, un reflejo de lo que siente tu corazón a través del mío.

"UN LIBRO DE VIDA COMIENZO HOY Y TU ERES SU AUTOR . . ."

Mi Beduino Del Desierto, *Ihab Kayyali*, quien despertó en mi sentimientos que creí haber perdido. Me hiciste volar en una alfombra mágica hasta hacerme sentir tu odalisca. Tu amor del desierto me hizo tener esperanzas nuevamente en el amor. Moviste mis neuronas para poder escribir este libro. Sé que por siempre tendré tu amistad incondicional y como te dije una vez: "Tú eres muy especial".

CAPÍTULO 1

UN RETRATO, UNA VOZ...

"Sé mi amor, hazme un refugio en ti,
llena el vacío en mí, me haces falta
desde el día en que te vi".

Anónimo

— ¡Te tengo un novio!—dice Hamim con voz pícara.
— Mira, Hamim yo no estoy para eso. No quiero saber de nadie y punto. Ya bastante sufrí con mi ex-esposo y no quiero pasar lo mismo otra vez. Mi vida está tranquila y estoy enfocada en mis hijos que son lo primero en mi vida – le dije muy convencida.
— Yo entiendo Najya, ¡pero éste si te va a interesar!
— No entiendes que yo estoy bien como estoy...
— Es alto, buen mozo, divorciado y es... ¡ÁRABE!

Cuando escuché la palabra Á-R-A-B-E, di un giro de 180 grados a la izquierda, lo miré a los ojos fijamente y muy intrigada le pregunté:

— ¿Qué has dicho?
— ¡Ah! Ahora sí que te interesa, ¿verdad?
— Pues un poquito. Oye, ¿no le puedes sacar una foto para yo ver cómo es?
— Precisamente él me dijo lo mismo. Dame una foto tuya o ye te saco una con mi celular para llevársela mañana al trabajo.

3

- ¡No, chiquito no! Tú le sacas una a él primero, yo lo veo y si a mí me agrada, entonces yo le envío una contigo.
- A él no le gusta que le saquen fotos.
- Pues te escondes y se la sacas . . .
- ¡Lindo me voy a ver yo sacándole una foto a un macho! ¿Qué van a pensar que soy "gay"? Dame una foto tuya ahora o te saco una ahora. Yo le he hablado mucho de ti y está interesado en conocerte. Créeme es una buena persona.

No tenía nada que perder. Además, *"el que no arriesga no gana"*. Así que le envié una foto mía con Hamim. Contaba los segundos para que Hamim regresara del empleo y me dijera que impresión le había dado yo.

Para aclararles un detallito, yo estuve viviendo con Hamim y su esposa Marilla por varios meses cuando regresé de Arkansas en lo que conseguía un empleo y un apartamento en la Florida.

Las horas se hicieron eternas, el reloj se quedaba en el mismo lugar, el tiempo parecía estar estancado . . . hasta que por fin un "ding, dong" y un crujir de llaves abriendo la puerta principal de la casa . . . he salido como "alma que lleva al diablo" hacia donde Hamim . . .

- ¿Qué dijo? – pregunté con temor pero a la vez muy ansiosa.
- ¡BEATIFUL, BEATIFUL! – Lo dijo imitando el acento árabe—Él está fascinado contigo.

¡Wow! ¡Pasé la prueba!, pensé. ¿Pero yo qué? ¿Cómo podría obtener una foto de él si Hamim no quería sacarle una y él no quería enviarme una? ¿Es que será tan feo que no habrá ni un gusano que le meta mano ni un cuerpo que lo resista? Tenía que verlo sin que él lo supiera, pero, ¿qué podía hacer yo?

¿Qué hubieses hecho tú? Ahhh, me imagino salir corriendo a su encuentro y así quitar todas las dudas. ¡Pues yo no! Yo no soy así. Soy más meticulosa y un poquito más tímida. Aunque la timidez no te lleva a nada, solo retrasa tus sueños, tus anhelos. Algunas veces te sirve como "stop sign", pero en otras . . .

Como todo en la vida siempre tiene que haber un balance.

No se me ocurrió nada en ese momento. Tenía miedo de verlo y llevarme una gran desilusión. De repente, se me prendió la lamparita de juicio y se me ocurrió una idea: LLAMARLO. Sí, llamarlo para escuchar su voz. Así me lo puedo imaginar y crear una imagen de él. ¿Qué soy una tonta? ¿Qué como voy a saber cómo es alguien por su voz? – Te preguntarás y te dirás. No lo sé, pero eso fue lo que me dijo mi corazón en ese momento y siempre yo sigo lo que me dicta mi corazón. Mi hermana me dijo una vez ***"sigue los instintos de tú corazón que te llevarán al lugar correcto"***, precisamente eso hice.

Mi buen amigo Safiy se hizo cómplice de mi plan. Él llamó a su negocio haciéndose pasar por un cliente interesado en un vehículo de motor, preguntándole ofertas, descuentos, costos, todo detalle para que yo pudiera escucharlo detenidamente. No se hizo esperar el resurgimiento de mi fuego interno cuando por primera vez escuché su voz. Esa voz que resonó en mis oídos como cantos de sirenas, me embobaron. Esa voz sensual, varonil y con ese bendito acento extranjero, sentí que se me congelaron los cimientos de mi corazón. Se me paralizaron las neuronas de mi cerebro y lo único que pude pronunciar fue: "TENGO QUE CONOCERLO".

¡Dios mío! Es que de tan solo pensar que es árabe me salpican las emociones de mi corazón. Es algo que no lo puedo evitar. He recibido muchas críticas en cuanto a mi preferencia por esta raza pero para mí no hay diferencia entre nacionalidad, cultura, idioma, todos los hombres son iguales, piensan igual, actúan igual en cualquier parte del mundo. Hay buenos, no tan buenos y malos alrededor de este globo terráqueo. Solo hay un patrón y la diferencia estriba en cómo sea cortado ese patrón.

Además, desde muy pequeña tengo una fascinación por esta cultura. Junto a mi hermana, veíamos películas donde el beduino del desierto rescataba a su odalisca; donde las mujeres más bellas y exóticas bailaban la danza del vientre; los misterios que encierran las pirámides, los faraones, las tormentas de arena; la historia. Todo esto sucumbía en mi mente y corazón y fue lo que me llevó a estudiar, leer, entender y respetar esta fascinante y hermosa cultura. Entonces, ¿por qué ponerme yo una barrera? Sigo los instintos de mi corazón . . .

Volviendo a la historia del ÁRABE, dejé transcurrir el tiempo porque tenía un poquito de miedo que fuera el monstruo de Tanzania y me desilusionara. Ya sé lo que están pensando, ***que se mira la belleza del corazón no el físico, el físico es efímero, el físico se va lo que queda es la belleza interior, la que es eterna*** . . . pero, ¿a qué ustedes miran primero el físico y después van estudiando todo lo demás? Lo primero que ustedes ven es el cascaron y de ahí parte si desean seguir o detenerse. Primero tiene que haber una atracción física, aunque en ocasiones les pueden atraer a alguien que no sabes porqué les atrae, tal vez por su caballerosidad, por su "sex appeal" o por un no sé qué, que se yo.

En fin, resistí a conocerlo aunque Hamim todos los días me decía que él preguntaba por mí. Estaba alimentando mi curiosidad poquito a poquito. Hasta que un día tomé la decisión de ir a conocerlo. Nada más de pensar en eso me comenzaba a poner nerviosa y no sabía por qué. Siempre he sido una mujer muy controlada y mis verdaderos sentimientos a veces no los expreso, los disimulo muy bien, pero en esta ocasión no se qué me pasaba me sentía que estaba siendo controlada por un control remoto.

Le pedí a mi amiga Marilla, la esposa de Hamim, que me acompañara a ese encuentro arreglado por Hamim, un sábado a las 7:00pm. ¿Qué soy estúpida porque le pedí a Marilla que me acompañara en vez de ir sola a ese encuentro? ¡Claro que no!

Cuando uno quiere saber si la persona es genuina, que no finja ser una persona que no es, lo mejor es ir en grupo o acompañada de otra persona. Así, uno puede ver cómo se comporta con los demás, puede ver sus acciones y reacciones y todo detalle que te sirva para tomar una decisión: si deseas continuar con la conquista o hacer una retirada.

En todo el camino, Marilla y yo solo hablábamos de cómo sería nuestro encuentro. Marilla sabía cómo era él. Ella me decía que era guapo pero siempre hay un beneficio de la duda porque lo que para mí es bello para ella puede ser feo y viceversa. Mientras más nos acercábamos al lugar más nerviosa me sentía y mientras más nerviosa me picaban hasta los dientes y mis dientes rechinaban como cerradura oxidada que le falta 4 40 (un tipo de aceite). Para solucionar esto mi amiga me ofrece una goma de mascar y ahora no parecía una cerradura oxidada, parecía un chivo comiendo . . . la tenía desesperada haciéndole una y mil preguntas . . .

— Ay, Najya, no me hagas más preguntas, espera que lleguemos y lo sabrás por ti misma. ¡Tranquilízate! Me siento como una estúpida chaperona. ¡Ni que tuvieras quince años! Ni con mi hermana había hecho esto – me dijo en pura carcajada.

La noche estaba hermosa, llenita de estrellas como invitando al romanticismo a hacer su entrada triunfal y una luna como un testigo fiel a lo que iba a ocurrir. Por fin, llegamos al negocio. Mis piernas me temblaban y mis dientes no me dejaban de martirizar mis encías con ese cosquilleo. Respiré profundo, tres veces y esto no me ayudó en nada. De repente, a lo lejos, veo una figura caminando hacia nosotras, alto, guapo, con un andar que solo los hijos de reyes poseen. Quería correr pero mis piernas me traicionaron, me quedé inmóvil, ya no sentía ni mi respiración, ya mis dientes no me martirizaban, estaba en total "estado de gafedad".

Se va acercando más y más y lo peor es que se está dirigiendo hacia mí. Mi apoyo era la puerta del automóvil. Si no es por la puerta hubiese estado planchadita en el suelo. Me saluda con un "hola", me da la mano y un beso en la mejilla. Ese beso sirvió, como en los cuentos de adas, para despertarme del estado en que me encontraba. Reaccioné, lo saludé con tres besos como suelen hacer en su país y le añadí el saborcito puertorriqueño.

Creo que también estaba un poquito nervioso pues lo percibí. Nos invitó a entrar a su oficina. Nos ofreció algo de beber. Marilla tomó café y yo jugo de china. Marilla se sentó en un sofa, mientras que a mí me mandó a sentar en una silla que estaba frente a su escritorio. Me sentía como niña castigada, en una silla incómoda y lo peor era que estaba frente a él. No podía decir ni un sí o un no. Ni tan siquiera podía beberme ese delicioso jugo de china que mi garganta apetecía porque ya estaba tan seca como el Desierto Del Sahara.

Marilla comenzó a hablar con él no sé de qué, pues no estaba prestando atención. Sólo me dediqué a contemplar ese majestuoso cuerpo de Adonis. ¡Cómo movía esos labios exóticos al pronunciar cada palabra con ese acento extranjero! Contaba los latidos de su corazón que resonaban en mis oídos como tambores al inicio de una guerra indígena. Pero no, no era su corazón, era el mío que palpitaba a cien millas por hora y cada vez era más y más fuerte cuando me sumergía en su mirada intensa.

Ese hombre es único, especial y tiene un don: el don de hacerme callar. No había pronunciado ni una sola palabra en casi toda la noche y esto es muy extraño en mí porque los que me conocen saben que hablo hasta por los codos y que la timidez es mi peor enemigo. Este hombre con sus encantos ocultos me dejó sin palabras.

Marilla, muy discretamente pide disculpas para hacer una llamada a Hamim y sale de la oficina. ¡Oh Dios! ¿Qué iba hacer yo? Estaba en la boca del lobo. No sabía ni que decir ni que hacer. Solo palpitaban en mi mente las palabras de Sócrates: " solo sé que no sé nada ". Ahora estábamos solos él y yo, sentados uno frente al otro. Yo muda y a él parece que se le acabaron todas las palabras de su diccionario y como dos perfectos idiotas nos quedamos mirándonos sin decir un "ji". Tenía que buscar una excusa barata para hablar, para romper el hielo porque ya su mirada me estaba quemando las lámparas de mi juicio y esto es muy peligroso porque después me puedo comportar como una loba en celos. Ví en su escritorio su tarjeta de presentación usando un nombre americano, ya encontré la excusa barata para hablar:

- Ese no es tu nombre, ¿verdad? Me gustaría saber cuál es tu nombre
  verdadero.
- ¿Cómo sabes que ese no es mi nombre verdadero? – dijo intrigado.
- Ese es mi secreto.
- O.K. Te lo diré. Mi nombre es . . .

Hasta su nombre me hacía temblar y desde ese mismo momento lo llamé por su verdadero nombre. Esto fue un punto de partida para una conversación muy amena e interesante. Pero como todo lo bueno se acaba rápido, llegó la hora de despedirse. Como toda una dama que soy me levanté, me despedí estrechando mi mano sobre su mano y él como todo un caballero me pregunta:

— ¿No quieres mi número de celular?

Mis ojos abrieron y cerraron como si tuviera un tic nervioso y dije con emoción pero sin perder la compostura jamás:

— ¡Claro que sí! – creo que fui muy obvia pero bueno . . .

Tomé una de sus tarjetas de presentación y lo escribí en la portada. Él esperaba que yo le diera mi número de teléfono, pero me moría de vergüenza. Él no pudo aguantar mi silencio sepulcral porque me preguntó:

— ¿Es que no me vas a dar el tuyo?
— ¡Por supuesto que sí! – dije con gran emoción.

Nos acompañó hasta el carro. Se despide de mi amiga Marilla. Ella entra al carro. Cuando llega el turno de despedirse de mí, me da un beso en cada mejilla y uno en la mano derecha. De momento como algo que sale de su interior y sin poder contenerse, me da un abrazo y un beso cerquita de las perlas de mi boca.

¿Cómo quedé yo? En 'estado de gafedad'. Me momifiqué. Me sentía que me sumergía en la arena movediza de ese "coup de foundre" (amor a primera vista) pasional. Cupído me había flechado sin ningún remordimiento. Emociones, cuantas emociones en una noche! Desde ese mismo instante me di cuenta que estaba viva., que era una mujer con sentimientos y emociones. Él me levantó de un estado de letargo en el que me encontraba por años a causa de una terrible experiencia matrimonial que me llevó a un estado de soñolencia amorosa, desconfianza y un eclipse frontal que no me dejaba ver lo maravillosa mujer que soy. Pero ahora, me levantó de entre los muertos. ¡Estoy viva! ¡Sí, viva! Soy un ser humano que siente y padece.

¡Qué noche! ¡Qué noche mágica! Las más hermosas estrellas hicieron gala para bailar al compás de mis suspiros. Se dieron cita a nuestro encuentro nocturnal. Son testigos de un milagro. Una luna dictaba sentencia que pronto estaría en la cárcel de un amor profundo. La brisa nocturnal acariciaba mi cara recordándome esos besos arábicos que tocaron mi dulce piel como impregnando huellas que duraran para siempre.

Capítulo 2

MI ALFOMBRA MÁGICA

"Hombre exótico del desierto,
caí en tus redes sin ninguna compasión".

Inédito Nilda Acosta

Habían pasado varios días y a ese hombre no lo había vuelto a ver. ¿Por qué no me lo puedo sacar de la mente? – me preguntaba. Me daban ganas de llamarlo pero no, no lo podía hacer. Tenía que esperar que él lo hiciera, así sabría si realmente yo le interesaba o no.

Cierto día, venía de buscar a mis hijos de la escuela, íbamos rumbo a la casa de Marilla y Hamim donde nos estábamos alojando. En la radio estaba sonando una canción romántica que me hizo pensar en el primer día que lo conocí. Me transporté en una alfombra mágica volando por las arenas del desierto en busca de su silueta . . .

De repente, mi celular sonó, contesté y escuché una voz varonil con acento extranjero que hizo que mis piernas se aflojaran y que mi corazón repicara de alegría y emoción . . . ¡Sí, Sí era él! ¡Y me invitaba a salir! No lo podía creer. Mi alfombra mágica (mi mente) me llevó hasta él.

La mente es tan poderosa, solo quieres algo con tanta intensidad y amor que la vida te lo trae en bandeja de plata.

Quedamos en encontrarnos a las 8:00pm en su oficina. Me sentía como una adolescente de quince años. Después de una década, tenía una cita romántica, pero había un problema: no sabía que ponerme. Decidí, vestirme de negro, mi color preferido, color que da elegancia y misterio. Quería reflejar curiosidad y resaltar mis ojos negros. ¿Cómo sería aquel encuentro sin chaperones?

En todo el trayecto pensaba que debía decir, pero a la verdad es que uno no necesita planear las cosas.

Uno debe ser uno mismo todo el tiempo. Nosotros no debemos de aparentar lo que no somos .Tenemos más éxito siendo nosotros mismos. El que te quiera debe aceptarte tal y cual eres o eso no es amor.

Llegué a su oficina, nos saludamos muy normal. Él estaba como organizando su escritorio y me dice:

- ¿Comiste?
- No, todavía no—le respondo.
- ¿Tienes hambre?—preguntó con una carita pícara.

Por segundos me quedé pensativa, solo pensando que preguntas más idiotas me hacía. ¿Cómo podía comer? ¿Cómo podía tener hambre? Con tanta emoción eso era lo menos que me importaba, pero claro él no sabía que tan solo su voz me hacía poner la piel de gallina. Así que nos fuimos a cenar en uno de sus carros. En todo el camino él me hablaba y honestamente no sé lo que me decía, solo me deleitaba en escuchar esa voz tan varonil con ese acento extranjero. A veces cerraba los ojos para agudizar mis sentidos.

Llegamos al restaurant. Como todo un caballero abrió la puerta del vehículo, me dio su mano y yo me sentía como una princesa en un cuento de Adas. Entramos al lugar y la mesera nos sentó en una mesa muy bien situada exclusiva para "tortolitos", como si estuviera en compinche de este amor que apenas comenzaba. Allí estábamos uno frente al otro. Él como un loro y yo como una tumba. ¡Qué caramba iba a decir! Si me mente se me fue en blanco. Los nervios me estaban traicionando y él seguía hablando como un papagallo y yo era el eco del silencio. Solo lo miraba y miraba . . . me deleitaba observando cada fracción de su rostro y sus palabras eran música para mis oídos, ¿y la comida? La comida en su plato. No podía tragar ni una pizca de ese delicioso pescado al ajillo. Solo tomaba agua y agua como si me preparara para cruzar el desierto. Me pide disculpas para ir al servicio sanitario y cuando se va, inmediatamente llamo a Marilla . . .

- Oye no sé que decir. Estoy muy nerviosa. Es tan guapo, tan caballero y ese acentito . . . ¡Ay, que acentito! – le murmuraba para que nadie me escuchara.
- No puedo creer que tú no sepas que decir con lo extrovertida que tú eres . . . —me responde.

— Si ya lo sé. Creo que me encontré con el "cura de mi pueblo". Este hombre me hace poner tiesa, muda, sorda . . . allí viene, tengo que colgar, adiós . . . —le colgué antes de que mi beduino se diera cuenta de que estaba hablando por teléfono.

Se sienta como todo un príncipe y me pregunta si nos vamos. Le contesté que sí. Mi respuesta fue automática. ¡Que estúpida fui! ¿Porqué le dije que si? Eso significaba que la noche se terminaba y él para su lugar y yo para el mío. Paga la cuenta y nos vamos. Me abre la puerta nuevamente del vehículo y cuando yo me disponía a entrar, me dió un jalón, sentí que me agarró la mano, sentí una respiración que no era la mía, un fuego interno que me estaba quemando y unos labios que se juntaban con los míos. Era el beso más apasionado que había sentido en toda mi vida. Era un beso real, un beso de hombre, un beso ardiente. Solo yo me dejaba llevar por ese impulso que no podía controlar. Me olvidé del mundo y de mí. Solo viajaba con él en esa alfombra mágica a través de las estrellas en esa hermosa noche nocturna.

Cuando recobro la compostura y me doy cuenta que estábamos en pleno estacionamiento, lo empujo y con mucha vergüenza le digo que nos podían ver. Entramos al carro, me agarra la mano y me da otro beso apasionado y me dice que él sabe dónde íbamos a ir.

¡Caray! Él sabe y yo no. ¿Dónde iríamos? Si estaba inmóvil con ese beso, ahora estaba sin sentidos. Me mantiene la mano agarrada. Estaba guiando como si el lugar se fuera a ir. Entramos a un complejo de apartamentos bellísimos. Era de noche y no sabía dónde estábamos, lo único que vi fue un número 200. Al cruzar por el marco de esa puerta número 200 solo se vio dos almas fundiéndose en una pasión profunda.

¿Quién soy yo? Soy una mujer viva. Que con tan solo una mirada un beduino proveniente de tierras lejanas, la hizo recobrar los sentidos.
¡Qué viva el amor! La fuerza más poderosa del mundo.

Capítulo 3

LAS DOS CARAS DE LA MONEDA

"Como quieres que te deje
si eres un golpe del destino"

Mustafa Ahmed

La vida siempre tiene un antagónico: el bien y el mal; lo dulce y lo amargo; lo blanco y lo negro. Entonces, ¿cuál será el antagónico de esta historia?

Quedamos en encontrarnos en su apartamento la semana siguiente para disfrutar de una velada romántica, una buena charla y una buena compañía. Cuando llegué lo encontré lavando los platos. Me acerco a él, lo saludo con un beso en cada mejilla, me agarró por la cintura, me subió al "counter" . . . y después de un ejercicio placentero nos sentamos en el sofá a dialogar.

Soy una persona muy detallista y vi en su rostro algo extraño que no me gustó. Le pregunté que le pasaba y no me contestó. El silencio siempre me inquieta pues *el silencio dice más que mil palabras*. Además, todas las mujeres tenemos un sexto sentido que nunca falla. Es como una luz intermitente que nos indica peligro, alerta y esto era lo que me decía mi voz interior "peligro".

No podía quedarme con esa inquietud que me calcomía por dentro. Así que esta vez fui un poco más directa y lo miré fijamente a los ojos (cuando tú haces esto es muy difícil que alguien te mienta), y le pregunté con mucho temor:

- ¿Te sientes culpable?
- Sí.—me contestó sin mirarme a los ojos.

Mi cuerpo se paralizó pero no demostré seña de inseguridad o debilidad, al contrario, mostré ser una mujer con temple, muy segura de mí misma. No le hice ninguna otra pregunta. No quería saber más respuestas. Sentía miedo al saber de sus labios que podía existir otra posible mujer. Solo quería correr y no mirar hacia atrás. Solo pensaba en mi antagónico: un sueño, una realidad. Todo había sido tan hermoso para ser una realidad. Ahora estaba segura de algo: tenía sentimientos y emociones; estaba viva. Por mi experiencia matrimonial pasada estaba inmune a los sentimientos y emociones, estaba autómata. Era como un robot, solo programada para cuidar y proteger a mis hijos.

Este hombre que proviene del desierto solo accionó un botoncito y me devolvió la vida. Pero ahora estábamos frente a frente tratando de resolver un dilema. Los dos allí, mirándonos profundamente. Él con una mirada de tristeza y yo bloqueando mis sentimientos con una muralla de piedra y un antifaz para que mis ojos no pudieran ser leídos.

- Bueno, es hora de irme – dije al romper el silencio que impregnaba en ese momento.
- No quiero que te vayas, por favor.
- Creo que es lo mejor. No quiero interferir en tu vida personal.
- Te suplico que te quedes. No quiero que te vayas – dijo él insistentemente.
- Ok. Me quedaré un ratito y platicaremos.

Estuvimos hablando de su divorcio, de sus hijos, de su familia, de mis hijos. No se hizo esperar una pregunta que me dejó perpleja y a la vez me dio mucho coraje por su sentido de desconfianza:

- ¿Porqué estás conmigo? -me preguntó muy desconfiado.
- ¿En realidad quieres que te conteste?

– Sí.

– Estoy contigo porque eres especial.

Creo que le hablé en chino porque no hizo ningún gesto. Solo me miró como si mis palabras fueran falsas. Sé que no me creyó. No me importó. Lo más importante para mí eran las emociones que yo estaba viviendo. Me sentía como una niña que está aprendiendo a caminar y a palpar. Estaba descubriendo lo hermosa que es la vida y cuando abrí mis ojos hacia el mundo real, vi a mi príncipe despertándome de mi estado de soñolencia.

Me pide que vaya a su cuarto y le busque la foto de su padre y me explica exactamente dónde estaba ubicada. Nunca había entrado a su dormitorio. ¿Por qué ahora? ¿Me estaría probando? Le dije rotundamente que no, que fuera él. Me pregunta muy extrañado que porqué no quería ir, solo le dije que ése era su lugar privado y que yo no tenía que hacer nada allí.

Se levantó, me agarró de la mano y me llevó a su habitación. Yo me quedé en la puerta de entrada y él fue a buscar unas fotos. Se sentó en la cama, me miró extrañadamente, se volvió a levantar, fue hacia mí, me agarró y me sentó a su lado. Comenzó a enseñarme todas sus fotos. Lo noté muy orgulloso de sus padres, de su familia, de sus hijos. Se levantó a buscar su "shemagh" (prenda originaria de oriente medio). Se lo puso y yo al verlo sentí una electricidad que corría por mis venas. ¡Qué bello se veía! Todo un beduino, mi beduino del desierto. Lo que he esperado toda mi vida. La princesa de las películas viviendo una realidad.

Después que me enseñó su cuarto, sus fotos, sus estatuillas, nos fuimos nuevamente a la sala. Nos sentamos en el sofá. Nos pusimos a ver su película favorita " Gladiador". Su cabeza la puso en mi falda y yo acariciando su hermosa cabellera y dándole uvas en su boquita sensual y seductora. Sentí que él era todo mío en ese momento. Estaba en mis redes, estaba prisionero de mí, pero quedaba una interrogante en el aire. Mi curiosidad no me dejaba tranquila. Me armé de valor y le pregunté:

– ¿Hay otra mujer?

– Sí y no—contestó muy nervioso.

Comenzó a explicarme que su ex-novia estaba pasando por un mal momento económico y él la estaba ayudando, y en ocasiones se quedaba a dormir en su apartamento.

¡Ay bendito! ¡Esas historias de las "ex" me tienen harta! ¿Qué demonios se creen los hombres que las mujeres somos estúpidas? Ahora los hombres se quieren hacer los más humanitarios. O están o no están. Pero con tan imponente respuesta así de imponente fue mi reacción: mi retirada. Sé lo que es amar y sé lo que es el dolor. Sé cuando expresar mis emociones y cuando no.

Los años no pasan en vano y las experiencias son los mejores maestros de la escuela de la vida.

Como toda mujer digna, me despedí con la mayor cortesía y naturalidad posible como si las palabras se las hubiese llevado el viento. No hice seña ni de dolor ni de frustración. Tenía muchas ganas de llorar pero no podía hacerlo, tenía que aguantar frente a él. Se despidió muy nervioso e inquieto y yo . . . . .yo . . . . .???

"Vive como si nada te importara . . ."

Capítulo 4

EL JUEGO DE LA VIDA

" La vida o es una aventura arriesgada o no es nada"

Hellen Keller

Pasado este suceso, solo dejé la vida fluir. Mi Beduino y yo nos llamábamos y nos veíamos con frecuencia. Aparentemente todo estaba normal y nunca más se habló de aquel dilema.

Hasta que una noche . . .
— Tengo que hablar contigo – me dice con un tono de preocupación.
— ¿Sobre qué? – pregunté inquieta.
— ¿Te acuerdas que te mencioné que estaba ayudando a mi ex?
— Sí, me acuerdo.
— Pues ella, se está quedando conmigo porque perdió la casa y no tiene a donde ir.

¡Bendita suerte la mía! Sentí que me estaba convirtiendo en un fósil lentamente. No dije nada, solo me fui. Mi silencio habló y mi comportamiento dejó al descubierto lo herida que estaba. Me repetía una y otra vez "hombres, un mal necesario", mientras por mi rostro bajaban lágrimas de dolor.

Pero, ¿Es que los hombres son estúpidos o qué? ¿O es que se quieren hacer demasiado listos? ¡Qué carácter retrógrado tienen! ¿Dónde está su corazón? ¿Dónde están sus ojos? Los hombres no piensan con el corazón, piensan con . . .

¿Es que las mujeres nunca vamos a ser felices? ¿A qué vinimos las mujeres, a sufrir? ¿A ser engañadas? ¿A qué? Por Dios, que alguien me diga . . . no, no, no. No quiero que se repita la historia. No puedo dejar que mis emociones me dominen. *Yo tengo que ser "el capitán de mi barco, el arquitecto de mi destino". Mi felicidad no puede depender de nadie solo de mi misma,* porque si así fuera, ¿dónde está el auto control?

Ya basta con lo que sufrí una vez: un esposo que me humilló, que se burló de mi amor, que trituró mi corazón, mis sueños y una ex maldita que jugaba al papel de esposa, una víbora ponzoñosa esparciendo su veneno. Esto yo no lo iba a vivir otra vez. Yo tenía que hacer algo, pero algo a mi favor, no a favor de nadie más. Tenía que pensar en mí, solo en mí. Lo más importante ahora, soy yo y nadie más. Así que, tenía que re-programarme. No podía permitir que el dolor ni la decepción me destruyeran nuevamente.

Me hice un auto-análisis y descubrí que soy una mujer maravillosa, que puedo lograr lo que quiero con tan solo presionar el botón de la confianza. La confianza en mí misma.

Una de las cosas que he aprendido en esta vida es que todas las cosas pasan por una razón y que todo llega en su justo momento ni antes ni después. Todas las experiencias nos dan una lección y un grado de madurez. Tenemos que aprender a manejarlas en su justa perspectiva.

El camino no es fácil, está lleno de espinas, pero al final podemos encontrar la rosa, admirar su belleza y disfrutar su perfume.

No puedo combatir con un fantasma, con una sombra. Como una buena guerrera pronunciaba mi retirada, *"solo lucho con quién tenga el honor del combate".*

Mi buena amiga Ora me escribió:

"Tómate tiempo para ti. Estás tan envuelta mental, física y emocionalmente en esta situación que te está afectando. Lo mejor que te aconsejo es que salgas con los niños, ya sea a correr bicicleta, a caminar en un parque o algo sencillo. Sal de tu casa, mantente entretenida. Mira las flores que te encuentres en tu camino. Ve la belleza que hay en la vida con tus niños. Recuerda momentos que te traen una sonrisa a tu bello rostro y manténlos en tu "rolodex mental". Así cuando te encuentres pensando en la situación con tu amor, cambia de canal y piensa en esos momentos de satisfacción en tu vida. Ve solamente amor y cosas positivas en tu mente.

Vive el día de hoy. No te agobies sobre lo que va a pasar en el futuro. Release and surrender . . .".

¿Porqué malgastar los pensamientos y energías en cosas negativas cuando podemos transformar todo eso en una actitud positiva y así obtendremos los mejores resultados? ¡Hay que intentarlo! ¡Nada perdemos! La vida es hermosa para eclipsarla con dolor o sufrimiento. Nos olvidamos de las mejores cosas de la vida que Dios nos provee gratis, como una puesta de Sol, la sonrisa de los niños, el canto de las aves, una buena plática con un buen amigo, el abrazo de una madre . . .

¡Hay que aprender a vivir y vivir sin depender de nadie!

Capítulo 5

NO TE DEJES DE LLEVAR POR LOS IMPULSOS

*"Las situaciones serán exactamente del
color que las pintes".*

Inédito Nilda Acosta

Mi Beduino ayudó a mi amigo Hamim para que estableciera su propio negocio. Le ayudó a conseguir un local en el mismo lugar donde él tiene su consecionario de autos. Hamim le arreglaba los vehículos a mi Beduino, era su mecánico.

Cierto día Hamim me llama para que le hiciera un favor. Por las circunstancias en que mi Beduino se encontraba, yo lo dejé de ver y llamar. ***Una mujer sabia sabe cuando dar su retirada.*** Encontré la perfecta excusa para verlo sin que él se diera cuenta que era a él a quien yo quería ver.

Cuando llegué a su negocio, fui primero a la oficina de mi Califa. Estaba sentado en su escritorio, muy serio, concentrado. Entro, lo saludo muy respetuosamente. Él se levanta de su asiento, me da un abrazo muy fuerte . . .

- — ¡Me alegro tanto verte! ¡Me has alegrado el día! – dijo él.
- — Estaría abrazada a ti las 24 horas del día – le respondí sintiéndome en las nubes.
- — Yo también – dijo con esa voz tan sensual.
- — Vine a entregarle este sobre a Hamim y de paso quise saludarte. Voy a entregárselo y regreso a despedirme.

¡Claro, no quería ser obvia!. Fui donde Hamim, le entregué el sobre. Hablamos un ratito pero ya me tenía que ir. Me despido y voy de regreso a la oficina de mi Beduino. Cuando entro veo una mujer abrazada a él. Él estaba de espaldas a mí y ella frente a mí. Era una mujer alta, guapa pero ya los añitos daban de que hablar. Me invadieron los celos y sentía que mis piernas pesaban toneladas, no podía moverme, quería correr, salir de allí, pero no, no podía, me quede estática. Abrí los ojos como cordero a medio morir.

La señora al ver mi reacción que fue muy obvia, le toca el hombro a mi Beduino, él mira hacia la dirección que la mujer apuntó con su dedo. Cuando me ve, solo le hice un gesto de "adiós" porque no pude pronunciar palabra.

- ¡No te vayas! – dijo sorprendido.
- ¡Adiós! – fue lo único que pronuncié.

Salí corriendo con mi pata de plomo y Hamim al verme me detuvo y me pregunta que me pasa. Le cuento lo que ví y me fuí. A los pocos minutos recibo una llamada de Hamim,

- Nayja, ¿dónde estás?
- Estoy llegando a la casa.
- Inmediatamente que te fuiste tu Beduino vino a mi oficina y me preguntó porqué saliste corriendo. Él estaba preocupado. No entendía porqué actuaste de esa manera. No te preocupes por esa mujer, ella es su vendedora. Le vende carros por internet.
- ¡Qué bien! ¿Porqué no me lo dijo?
- Porque no le diste la oportunidad. Te dijo que no te fueras y te fuiste. No le diste la oportunidad de presentártela.
- Es cierto, fue que me puse nerviosa y sentí celos y no me pude controlar.

El hablar siempre pone de manifiesto una buena relación.

Nunca se debe dar por sentada las cosas ni sacar una conclusión apresurada. Nuestros ojos pueden percibir una cosa y la realidad sea otra.

La mejor solución es: **COMUNICACIÓN.**

CAPÍTULO 6

LA CENA SIN SABOR

" El amor es símbolo de la eternidad.
Elimina todo sentido del tiempo,
destruye todo recuerdo del principio,
y anula todo temor de un final".

Anónimo

Aquí y allá, allá y acá. Así me la pasé un tiempo entre la oficina de Hamim y la de mi Beduino. En ese tiempo conocí Ayyub, una persona muy culta y un gran chef quien frecuentemente visitaba la oficina de mi Beduino. Le expresé mi inquietud por aprender a cocinar comida árabe. Quería sorprender a mi Califa confeccionando uno de sus platillos favoritos. Muy gentilmente se ofreció a enseñarme y me invitó a conocer lo que sería su nuevo restaurante. En nuestra conversación me dio muchos consejos, pero hay uno en particular que me llamó la atención, fue cuando me dijo:

"Si quieres mantener a un hombre contento tienes que ser tres cosas:
1) ser una excelente esposa
2) ser una excelente cocinera
3) ser una excelente p . . . . en la cama. Así tu hombre nunca se irá de tu lado.

Me quedé pensando en eso y definitivamente tiene toda la razón. Habló la voz de un hombre. Así que no hay nada más que decir.

Sigan consejos que la que no lo sigue no llega a vieja.

Una noche mientras salía de los ensayos de la obra "Muñecas De Papel", recibí una llamada de Ayyub invitándome a una cena en su casa con unos amigos. Era el perfecto momento para aprender ciertos platos especiales. Le dije que con gusto iría.

Cuando llegué, todavía no había llegado nadie. Su casa era grande y bonita. Le ayudé a preparar los exquisitos platos mientras me enseñaba a cocinar la comida árabe. De pronto suena el timbre de la puerta. Me ofrezco para abrir y cuando abro me he llevado el "susto de la vaca". Era el primo de mi Beduino con su hermano y unos amigos. Él se sorprendió tanto como yo. Fue como si los dos nos preguntáramos: ¿qué haces aquí?.

En la cena me sentía un poco incómoda porque yo era la única mujer, aunque ellos se portaron tan caballerosos y respetuosos conmigo, me hicieron sentir como una reina. Noté un comportamiento raro con el primo de mi Beduino, su teléfono sonaba muy a menudo y él contestaba en voz baja como diciendo cada paso de lo que pasaba en esa cena. Más tarde me entero que era mi Beduino quien lo estaba llamando.

Llegó la hora de irse y cada uno se despedía. Cuando fue mi turno, Ayyub me pidió que me quedara porque tenía que hablar conmigo. Todos se habían ido, así que le dije que mejor nos sentáramos afuera. Nos sentamos en la puerta de entrada. Hacía una noche espectacular . . .

- — Desde la primera vez que te ví me enamoré de ti – comenzó a decirme. Tenemos tantas cosas en común. Yo no quiero jugar contigo. Mi proposición es seria y en mi vida yo necesito a una mujer como tú.
- — Te agradezco los sentimientos tan lindos que tienes para conmigo, pero tú muy bien sabes que mi corazón pertenece a otra persona – le respondí.
- — Yo lo sé, pero él no tiene nada que ofrecerte. Él me lo dijo, incluso tiene muchos problemas personales y económicos.
- — Él no me dijo eso. Sé que tiene una situación con su ex-novia y nada más.
- — Yo le pregunté si te podía llamar no como amigo sino como algo más y me dijo que sí, que no había problema, que tú no quedabas nada de él y que me podía quedar contigo—lo dijo con tono firme.

No podía creer lo que estaba escuchando. Sentí como si me estuvieran hechando ácido surfúrico al corazón. Me estaba quemando por dentro. Tenía sentimientos confusos. Mi vida se volvía un antagónico: amor/odio, calma/inquietud. No sabía que decir, tragué gordo. No mostré ninguna señal de dolor, rabia, debilidad o cualquier sentimiento que me pudiera delatar. Una vez más le hice incapié que a la persona a quien yo amaba era mi Beduino no importaba qué. No quería escucharlo más, así que me despedí y me fui.

De regreso a la casa, solo pensaba en lo que Ayyub me había dicho. Suena el teléfono y era Ayyub, preguntándome si había llegado bien a la casa, si había pensado en su proposición, que me quería de verdad y en serio, que me iba a tener como una reina y que los sueños de los dos los íbamos a realizar juntos.

Todo parece tan tentador pero las cosas no son así.

El amor no se compra ni se vende.

El amor tiene que nacer del alma. Tiene que ser correspondido por dos personas no por una solamente. No pude decir palabra solo le dije que estaba muy cansada y que quería irme a dormir.

Toda la noche me la pasé llorando. No podía creer que mi Beduino haya dicho tal cosa, como si yo fuera un objeto que se pone a la venta para el mejor postor o menos que eso que fuera un trapo que se tira a la basura. Tenía que desahogar mis sentimientos y en ese momento mi mejor amigo fue un papel y un lápiz y esto fue lo que le escribí a mi Beduino:

¡Por Favor, lee!
¡ IMPORTANTE!

"Nunca en mi vida me había sentido tan mal como ayer.
¡Es tu culpa! ¿Por qué? . . . yo no soy un objeto que
puedas decir a tus amigos 'cógela , es tuya, te la regalo'.

Yo soy una mujer, una dama, una persona, un ser
humano.

Ayer compartí con un caballero de verdad. Me propuso la
la luna y las estrellas. Tenemos muchas cosas en común
pero hay un problema, YO NO ESTOY ENAMORADA
DE ÉL. Yo amo a otra persona, una persona que me
mintió y esa persona eres TÚ.

Le dije a tu amigo que te amo, que eres especial en
mi vida y ahora esto. Ni lo quiero volver a ver a él y mucho menos
a ti . . . me alejo de tu vida en este mismo instante. Gracias
por el tiempo que me diste, por los momentos de felicidad.

Sé que eres una gran persona, . . . ¡Buena Suerte!"

¿Será que cuando uno se enamora se pone tan idiota? Se apagan todas las lamparitas de juicio y solo lo que se mueve son los latidos del corazón.

¡Ay, el amor! ¡La fuerza más poderosa que existe! La que cura las enfermedades, la que te devuelve la vida, la que te hace caminar sin pisar el suelo, la que te hace que se rompan barreras étnicas, religiosas, culturales. Por amor no hay distancias ni fronteras . . .

Mis ojos parecían bolas de billar por llorar tanto la noche anterior. Solo pensaba y pensaba y otra vez mi corazón estaba en mil pedazos. Yo tenía que hacerle saber a mi Beduino lo que yo sentía, pero no quería verlo y por eso le había escrito esa tonta carta. Tenía que dársela.

Antes de irme a trabajar fui a la oficina de Hamim y le dije que por favor le hiciera llegar esa carta. Hamim me pregunta qué me pasaba. Mi rostro era como un libro abierto, delataba mi sufrimiento. Solo le dije que no quería hablar por el momento y que por favor le diera la carta a mi Beduino.

Eran las 11:00am y mi Beduino llegó a su oficina y como de costumbre antes de empezar sus labores iba a ver a Hamim para saber cómo estaba el estatus de los carros que Hamim estaba arreglando. Hamim le da la carta y poco a poco su rostro fue cambiando. Su adrenalina iba subiendo como la espuma y le dice a Hamim:

— ¿Qué es esto? Yo no entiendo nada. ¿Qué le pasa a Najya, está loca? ¿Es que Marilla tiene que ver algo en esto? – grita enojado.
— No metas a mi esposa en esto. Ella no tiene que ver nada y yo no sé lo que está pasando—repondió Hamim con voz furiosa.

Estaba furioso, se fue a su oficina y como dicen por ahí "no aguantaba ni un fumón". Nadie lo soportaba.

— ¿Qué le pasa a este? – le pregunta el primo de mi Beduino a Hamim. ¡No hay quien lo aguante! Mejor me voy porque me tendrán que llevar a la cárcel si sigo aquí porque no le voy a permitir ni una grosería más.

Mi Beduino salió de la oficina furioso, prendió el carro, salió chillando gomas, se llevó parte de la verja que daba al frente de su oficina. Nadie sabía para donde fue y todos se quedaron sorprendidos por su actitud, nadie lo soportaba.

Por la tarde, mi Beduino me llama pero yo no le respondí. Me deja un mensaje pidiéndome que lo llame. También tenía otro mensaje de Ayyub. Yo no quería hablar con nadie, me sentía utilizada.

Pasaron varios días, y mi teléfono no dejaba de sonar. Dejaban mensajes pero yo no contestaba ninguno, ni los de mi Beduino ni mucho menos los de Ayyub. Mi Beduino le preguntó a Hamim y a Marilla si me habían visto, que porqué yo no le contestaba sus llamadas. No tenía deseos de hablarle y cuando yo no quiero hacer algo no lo hago, tan sencillo como eso y cuando quiero hacer algo lo hago y punto.

Cuando se me fueron todos los sentimientos negativos de mi mente y me sentí en estado neutral, entonces decidí ir a hablar con él. No podía ir a su apartamento porque allí estaba su huésped de honor. Decido ir a su oficina por la noche cuando estaba más desocupado pues no quería interferir con su trabajo.

Para uno tener una buena conversación que sea productiva y razonable es mejor hacerlo cuando no haya ningún sentimiento de dolor ni coraje . . . de ese modo los resultados serán favorables para ambas partes, pues el diálogo será de manera madura.

Cuando entro a su oficina su mirada fue como cuando uno ve un fantasma. Inmediatamente me invitó a sentar. No sabía cómo comenzar mi plática pero lo hice. Le conté desde la A hasta la Z. Todo como había sucedido. Su cara fue de asombro. Me dijo que jamás había dicho cosa igual y por ende, no quería ver jamás a Ayyub en su oficina. Su relación de amistad aparentemente se terminó. Por un lado me sentí mal porque no me gusta que las personas rompan lazos de amistad. Las cosas se hablan y hasta se pueden perdonar.

Cuando uno perdona con el corazón uno tiene una vida y una vida feliz.

Entre mi Beduino y yo las cosas volvieron a la normalidad, pero lo que si no sabía era que se presentarían otros obstáculos por vencer.

El camino es como una rosa, tienes que pasar por espinas para llegar a la flor.

Capítulo 7

LA RETIRADA

"Persigue tus sueños con arrojo
surcando las barreras, aprendiendo
de tus luchas, y disfrutando de tus
victorias"

Clara Rodríguez

Siempre he escuchado que tus amigos son tus enemigos. También, que uno duerme con su peor enemigo. Cualquiera que sea la situación uno siempre debe estar alerta. Vivimos en un mundo imperfecto con gente imperfecta. A veces, aunque la gente nos quiera se olvidan de sus valores y solo siguen sus instintos.

Comencé a notar que Marilla solo hablaba de mi Beduino y lógicamente no salía de la oficina de su esposo Hamim; era lógico, ¿no? Lo que no era lógico, eran los comentarios que ella le hacía a nuestras compañeras de trabajo. Por si no lo sabían, Marilla y yo trabajábamos juntas. En una ocasión Marilla le comenta a una de ellas que si mi Beduino no fuera amigo de su esposo ya le "hubiese metido mano". ¿Pero, dónde quedaba yo? ¿Yo, que era su amiga? Los dejo a su interpretación.

A Marilla se le ocurrió la brillante idea de decirle a su esposo y a mi Beduino que las cosas en el trabajo no andaban bien y que ella tenía que buscar otro trabajo. Fue metiéndole esta idea entre ceja y ceja a su esposo hasta que él abogó por ella para que mi Beduino le diera trabajo en su oficina. Lo consiguió. Marilla renunció a su antiguo trabajo y comenzó a trabajar con mi Beduino. A partir de ese día comenzaron los verdaderos problemas.

Poco a poco fui observando que ella se ponía cada vez los vaqueros más apretados como "pidiendo auxilio" y los escotes más grandes no dejando nada para la imaginación. Cierto día, una de mis compañeras fue a la oficina de mi Beduino para comprar un vehículo y me dijo que Marilla se la pasaba coqueteándole y sus miradas eran como para devorarlo.

Cuando yo iba a la oficina, ella solo me decía que mujeres lo llamaban y lo iban a visitar pero que mi Beduino le había advertido que nada de lo que viera o escuchara me lo dijera. Una y otra vez Hamim y Marilla me decían que mi Beduino no me convenía, que no era lo que aparentaba.

La misma Marilla me dijo que una vez fueron a buscar un carro y que él le hizo este comentario:

– Yo te quiero como una hermana y tu esposo es mi amigo y
   yo no lo puedo traicionar.

¿Cómo podía interpretar esto? Esto habla por sí solo. No hay nada que decir, ¿verdad?

Marilla se pasaba buscando en las cosas personales de mi Beduino para saber no se qué hasta que un día mi Beduino se dio cuenta y "le paró el caballito". A veces sentía que ella me estaba tratando de dar celos porque me decía que a él le gustaría a una esposa como ella; que solo confiaba en ella y en nadie más; que mi Beduino le daba esto y aquello; que si le dió dinero a sus hijos y no sé cuantas cosas más. A decir verdad, nunca mi Beduino me regaló nada ni tan siquiera una hoja seca. Según Hamim, mi Beduino le dijo que él regalaba cuando sentía el deseo de hacerlo. Lo que era y es UN PERFECTO "MASETA".

Mientras más la gente tiene más avara se ponen.

¿Qué debería yo pensar? Solo sentía que entre mi Beduino y yo se estaba forjando una gran muralla más grande que la muralla china. Una muralla que yo no podía escalar para llegar a él. Sentía mucha negatividad, mucha distancia y las cosas comenzaron a cambiar para mal. Ya mi Beduino no me llamaba como antes, mi presencia como que le molestaba.

" Una mujer debe saber cuándo intentarlo todo y cuando alejarse"—Obra: Muñecas De Papel—.

Yo decidí dar una retirada de 180 grados y alejarme. La mujer debe tener el valor necesario para alejarse cuando no la aman. Esto no significa que me haya dado por vencida o que haya perdido la batalla.

Yo soy el capitán de mi barco. Yo soy la que elijo a donde voy. Yo soy el arquitecto de mi vida y la que le doy forma a ella y nadie más. Mi felicidad no depende de nadie, solo de mi.

Tenía que dejar que las aguas volvieran a su cauce. No hay nada mejor que darle tiempo al tiempo. Es bueno dar unas vacaciones al corazón y a la mente.

Una noche mis amigas del alma Meira, Yeira, Zikiya y yo decidimos hacer una "noche entre amigas". Nos fuimos a liberar nuestras emociones. Meira sufría por su pianista, Yeira por su rompimiento con su abogado, Zikiya por su novio polifacético que se había ido a la guerra y yo por un Beduino sin escrúpulos. Desahogamos nuestras penas, lloramos, reímos, bailamos, hablamos, nos aconsejamos mutuamente, nos apoyamos . . . fue una noche de sanación. Me sentía que estaba resurgiendo otra vez, estaba re-cobrando energías.

Lo más hermoso de esa noche fue que descubrí que tenía tres maravillosas amigas, mujeres con identidad propia, mujeres luchadoras, mujeres inteligentes, fuertes, con convicciones y valores, mujeres que no importa lo que sucediera, jamás perdían la fe en el amor.

Al día siguiente recibí un correo electrónico de mi buena amiga Yeira que decía:

> *"Espero que en el camino a tu casita hayas estado tranquila y hayas hablado con tus ángeles . . . una bella amiga mía me dijo un día que lo que ella le pide a su ángel de la guarda, él no se lo niega. Claro, que hay veces que cosas que no nos convienen no nos son concedidas aunque uno no lo vea al principio así. **Dios no te va a quitar nada que no te vaya a reponer con algo mejor.** De eso soy testigo y doy testimonio. Sinceramente, no siento que vas a perder en esta situación . . . Me parece que va a ser un proceso que va a tomar más tiempo de lo que te gustaría pero va a ser para mejor. Sé fuerte y date tu puesto, no tengas miedo de perderlo.*
>
> *Algo que sentí bien fuerte ayer es que no debes "bend over backwards" por tu amor. Él tiene que sentir lo fuerte que eres y lo centrada que estás en tus convicciones, porque no le estás pidiendo nada fuera de lo usual. Él tiene como una culpabilidad porque es buena persona pero a la vez esa*

*culpabilidad lo está llevando a tomar decisiones poco sabias.
Él sabe lo buena que eres; parece que, sin querer está tomando
ventaja de eso.*

*Visualízate a ti y a él envueltos en una luz rosada. La luz
rosada representa el canal de "divine love" y es el canal
del Espíritu Santo.*

*Cuando medites en las mañanas, solamente tienes que
tomar unos minutos al despertar, respirar profundo.
Imagínate a ti y a él llenos de felicidad con el "outcome"
que tú quieres y ve todo con los ojos rosados. Pídele a los
Ángeles De La Guarda de que lo ayuden a figurar las
cosas y le den fuerzas que salga de su situación . . .".*

Cuando leí esto quedé sin palabras. Ella lo dijo todo. Pero algo que me llamó mucho la atención fue cuando me dijo: ***"Dios no te va a quitar nada que no sea remplazado por algo mejor".*** A veces nos encaprichamos con algo o alguien que no nos conviene, queremos encajarlos en nuestras vidas cuando sencillamente no caben en nuestro espacio y es ahí donde comenzamos a sufrir.

Nos dejamos llevar por el corazón y nos olvidamos que la mente toma parte de esto. La mente no puede trabajar sin el corazón y viceversa. Los dos tienen que trabajar juntos como un equipo para que los resultados sean positivos y duraderos.

CAPÍTULO 8

UN APERITIVO DE AMOR

Una cosa he aprendido en mis años de vida y por mis experiencias:

"El AMOR LO ES TODO".

Necesitamos el amor así como necesitamos el aire que respiramos o el agua que bebemos.

El amor verdadero se disfruta cuando no es envidiado, maltratado o quitado. El verdadero amor tú no lo buscas, llega a ti inesperadamente. A veces lo tenemos frente a nosotros y no lo vemos.

Algunas veces tenemos que pasar por caminos espinosos para llegar a él y cuando nos llega debemos valorizarlo, respetarlo y disfrutarlo.

Mi hermana siempre me decía: "sigue los instintos de tu corazón". Sí, tú sabrás cuando ese amor verdadero llega a ti porque tu interior te lo dice, lo sabrás reconocer. Es algo diferente nunca antes sentido, lo que te lo dice es la cordura no la pasión.

Ama sin medida para que recibas sin medida. Sé genuino en tus palabras y acciones. ¡Disfruta el amor querido lector!

CAPÍTULO 9

CONVOCATORIA MESA REDONDA ENTRE AMIGAS I

—¡Buenos Días! Decidí pedir una convocatoria a la mesa redonda entre amigas pues necesito consejería. Ya sé, ya sé . . . cuantas veces es lo mismo, pero acuérdate, la vida gira alrededor del amor. Si no tienes amor, de nada vale lo que hagas.

Bueno, saben que el Lunes busqué a mis amigos libaneses al Aeropuerto. ¡Me volvieron loca! No piensen mal. Es en el buen sentido de la palabra. Me hicieron reír hasta más no poder. Compartí con ellos y la pasé de maravilla. Pero, cada vez que hablaban solo pensaba en mi Beduino Del Desierto. ¿Por qué no me lo puedo arrancar de la mente ni del corazón? Está aquí, clavadito en el centro de mi ser.

El Martes amanecí nostálgica, extrañándolo con todo el corazón. Hasta la brisa que rozaba todo mi cuerpo me hacía sentir su presencia cerca de mí.

Estoy impaciente por verlo. Hace tiempo no se de él. Lo único que sé, es que Marilla fue despedida y a él lo flochee momentáneamente por el inodoro. Sí, dije *momentáneamente* porque tengo esa bendita manía de verlo y ya saben cuando esas manías están latentes qué es lo que hago.

Estuve pensando todo el día en una estúpida excusa para verlo. Pensaba y pensaba hasta que se me ocurrió la brillante idea de poner la llanta de mi carro como una excusa. Ya saben que caí en un hoyo y esa cosita de metal voló por los aires y se distorsionó el "rim". Safiy me había dicho que no podía guiar por los avenidas y mucho menos que excediera mi velocidad a más de 45 millas por hora. Como mi Beduino sabe de vehículos, lo más prudente fue pedirle que ayudara a esta mujer indefensa.

A las 6:00pm llego a su oficina pero "bendita suerte la mía", él no estaba. Se encontraba en una subasta de automóviles. Se me había olvidado que los Martes y Jueves iba para la subasta. Para que no se viera tan obvio le dejo unos dulcecitos con otro árabe que apenas podía respirar y caminar por los subidito de peso que se encontraba.

Para estar segura de que mi Beduino se enterara de que yo había ido a su oficina, le envié un mensaje de texto donde le decía que necesitaba su ayuda con respecto a mi vehículo.

Estaba muy cansada, así que decidí irme a dormir. A las 9:00pm, él me estaba llamando. Me preguntó si estaba dormida pues estaba cerquita de mi casa y podía pasar un momentito a "chequear" el carro. Si estaba medio dormida, ahora sí estaba completamente despierta cuando dijo que iba a pasar por la casa.

¡Absolutamente no! Él no podía ir a mi casa. ¿Por qué no, se preguntan? Porque donde yo vivía, era el lugar más raro del mundo. El baño, ese baño que ni podía llamarse baño, era una cosa de baño, muy estrechito. Solo cabía una sola persona. Cuando entrabas lo primero que veías era la ducha, una ducha de piscina, luego el lavamanos y luego un pequeño inodoro.

Cuando te bañabas, todo se mojaba y la humedad creaba ese
maldito moho que ni con brochas de acero salían. De tanto
raspar esas paredes, parecían que Leonardo D'Vinci había
pasado por allí creando una de sus obras maestras abstractas.

Le dije que mejor nos viéramos en su oficina. De todos modos, él
iba para su oficina. Esa noche la temperatura estaba en los 30 grados.
Hacía mucho frío. En realidad yo no sabía si temblaba por el frío
o por solo pensar que lo iba a ver.

Cuando llego ya él estaba allí. Le cuento lo de la llanta . . .

— ¿Estás segura que ésta es la llanta? – dijo incrédulo.
— Sí, ésta es. Safiy me dijo que tenía que cambiar el "rim" lo antes posible porque sino
    lo que está alrededor de la llanta se iba a dañar más y todo me iba a salir más caro y
    que no podía exceder mi velocidad a más de 45 millas por hora.
— Pues yo veo todas las gomas en perfectas condiciones. Vamos a probar el carro.

Nos fuimos a probar el carro y todo parecía normal. Llegamos a la oficina y la vergüenza me embargaba. Me
preguntaba cómo era posible que todo estuviera bien cuando por poco se me explota la llanta al pasar por ese
hoyo y que hasta la parte doblada ya ni estaba. Era como si por arte de magia todo se hubiese desaparecido.
No me lo podía explicar. No sabía que decir y solo pensaba qué es lo que él iba a pensar: ¿Qué eran mentiras?
Estábamos allí dentro del carro. Yo buscando una explicación y él esperando una reacción.

— Tengo frío, necesito calor. ¿Me podrías dar tu abrigo? – me preguntó con voz picaronga.

Yo no podía hablar, solo lo miré y en menos que canta un gallo estaba zurcando las arenas del desierto en
una alfombra mágica. Fue una noche idílica. Hablamos de muchas cosas que estaban inconclusas, aclaramos
muchos malos entendidos. Pero hubo algo que me partió en dos pedazos:

— ¿Por qué siempre me dices "I'm going to kill you?" – le pregunté.
— Porque cada vez que te veo me descontrolo, me vuelves loco, no puedo contener mis
    sentimientos. Pero quiero aclararte algo y no me mal entiendas. En estos momentos yo
    no quiero una relación.

¡Ay Dios! **_Típico del hombre con síndrome de "Don Juan"_**. Los hombres tienen la habilidad de elevarte hasta las nubes y luego dejarte caer hasta hacerte trizas.

Queridas amigas, necesito saber su opinión con respecto a esto. Quiero saber que ustedes ven que yo no puedo ver por estar enamorada. Por eso convoco esta Mesa Redonda para que me den consejería en este asunto que es tan importante para mi corazón.

Zikiya: " Oh my God!!! Mi amiga y hermana del alma. Lo que te ha pasado es una confirmación del amor que ese hombre te hace sentir, pero ¿sabes qué? También es una pasión muy fuerte que los arrastra a los dos. Parece que tienen una gran química en la intimidad, son muy afines y eso te enamora más.

Me reí como loca cuando me contaste lo de la llanta. ¡Es increíble!

Si te puedo decir que yo estoy cien por ciento segura de que tu Beduino sabe el tipo de persona que eres. Cuando te dice "Im going to kill you" . . . es que tú le haces sentir sentimientos y pasiones que no quiere sentir. No entiendo porque este hombre lucha tanto por no sentir y demostrarte amor. Tú eres especial en su vida y eso se nota. ¿A qué le teme?¿Por qué no quiere una relación ahora?Parece ser que no está con nadie a juzgar por lo que me contaste. Además, te respondió la llamada.

A veces he pensado, que tal vez el que tengas hijos le puede detener porque serian más responsabilidades para él, o tal vez no quiere enamorarse porque ha sido trasquilado en el amor, no sabemos . . .

¡ Dios mío! ¿Por qué es tan difícil el amor a veces?

Un buen indicio fue que quería ir a tu casa
pues es algo más íntimo. Que te puedo decir, no le cierres
las puertas al amor. Pídele al Espíritu Santo, a los Ángeles,
a tu Virgen preferida que le abra el corazón a ese hombre,
que reconozca que eres la mujer ideal para él; pídeles a tus
seres de la luz que te iluminen el corazón para que hagas
lo que tengas que hacer para tener su amor.

¿Por qué no compras una vela color roja y pones debajo
el nombre de él? Nunca lo he hecho, pero lo ví en una
novela. No es nada malo invocar al amor. Vamos a
ver lo que pasa luego.

Sabes que cuentas conmigo para lo que sea y ¿sabes qué?
Debes planificar para que le hagas la danza del amor
quedándose en un hotel.

¡Imagínate amanecer abrazada al amor!

CAPÍTULO 10

CONVOCATORIA MESA REDONDA ENTRE AMIGAS II

**"No te merece quien te tiene como opción,
sino quien te tiene como prioridad . . . no te
merece quien solo te busca para el placer,
sino quien te respeta como mujer . . . no te
merece quien te culpa por tus errores,
sino quien te perdona, comprende y te
ama a pesar de ellos . . . no te merece
quien te cambia por otra, ¡sino aquel que
al conocerte supo que no existe otra!"**

Anónimo

— ¿Me pueden decir porque caramba uno sufre por amor? Estoy cansada de tener entre ceja y ceja a ese Beduino Del Desierto. Estoy cansada de que me digan que no me conviene y yo como una buena estúpida siempre yendo en contra de no se qué: ¿del destino?, ¿de la vida?, ¿de la gente? . . . o tal vez ¿de un amor imposible?, ¿en un sueño sublime?, ¿en una pasión arábica? o ¿simplemente soy una estúpida más que no quiere ver la dura realidad? ¡Oh Dios! ¡Qué alguien me ayude! ¿Cómo quiero recibir ayuda si yo misma no me dejo ayudar? Soy una terca, hago siempre lo que quiero y como quiero. Pienso que, a veces la mejor forma de crecer y madurar es hacer nuestro propio camino. Podemos tomar consejos pero me he dado cuenta que una mujer enamorada no ve más allá de sus narices. Una mujer enamorada quiere luchar por su amor, por el hombre que ama aunque luego se reviente como una plasta de mierda. ¿Por qué el amor es tan difícil? – dije desconsolada.

— Lo único que puedo decirte es que no desesperes . . . que creas en Dios. Él es el único que puede guiar tu camino . . . Él te pondrá exactamente donde tienes que estar y con las personas que estarán contigo. Tienes que dejarlo pedalear en este momento, si no lo dejas, Él no puede trabajar por ti. A veces nos empeñamos por cosas y no dejamos que nuestra vida fluya, pide y verás a que Él te concede pero lo que es bueno para ti, no puedes pedir cosas que Él no te las concederá. A veces nosotros mismos atrasamos el proceso y las cosas buenas que nos están esperando. Recuerda, a veces creemos que eso es, y luego nos reímos pues todo pasó y lo que vino es mucho mejor que lo que teníamos enfrente. Abre el corazón y deja que la misma vida te dicte y te lleve. *Si te empeñas eso es lo que obtendrás, empeño y nada más* . . . entrega tus problemas a Él y déjalos ir. Sé que es lo más difícil pero te juro que hay que hacerlo y todo viene bien suave y sin esperar. Te digo todo esto porque te quiero, eres una mujer bella, espectacular y con un corazón que no te cabe en el pecho. Eres definitivamente un ángel . . ."—afirma Meira.

— Definitivamente no sé que decirte . . . en el amor siempre se sufre pero definitivamente uno no ama para sufrir, uno ama para ser correspondida. No te puedo decir lo que hagas. Tienes que tomar tú la decisión. Siempre estaré aquí para ti. Me duele mucho lo que estás pasando porque no lo mereces. Pero a mi me pasó más de una vez en la vida que me aferré a la persona equivocada. No estoy diciendo que tu Beduino lo sea, pero entiendo que necesitas un hombre a tu lado, dispuesto a iniciar una relación con una mujer maravillosa. *Busca dentro de ti, que quieres para ti* . . . veremos a ver que pasa . . . porque la fecha se acerca . . . en Orden Divino, va a ser lo mejor para ti. ¡Ánimo, no estás sola . . . ! – dijo Zikiya.

— Chicas, en toda mi vida no me había sentido así. El amor me ha pegado fuerte. Este hombre es diferente. Me atrae mucho porque lo considero especial: es muy seguro de sí mismo, varonil, trabajador, apasionado, inteligente, serio y ese hablar extranjero me pone los pelos de punta. He intentado arrancarlo de mi vida, una y otra vez, pero es inútil. Está muy pegadito a mi corazón y a mi mente. Quiero hacerle la danza del amor, es una mania que tengo, tal vez signifique algo y después de eso que Dios reparta suerte.

— Te había recomendado que le dieras una oportunidad, y aunque vas a hacer lo que desees, te pido que te des una oportunidad para amarte a ti misma y no buscar el amor de un hombre. Mejor que llegue a ti. Leerás en mi libro una parte que dice: *"Era tanto mi anhelo por ver el amor en los ojos de un hombre, que me olvidé de amarme a mí misma"*. No quiero que te pase lo mismo. *El amor no es obsesión*, y parece que él está obsesionado contigo – así concluyo Zikiya la reunión de la mesa redonda.

Capítulo 11

EL EXÓTICO BAÑO

Anaan y yo veníamos de Carolina del Norte. Nosotras tuvimos que hacer una paradita en Jacksonville para echar gasolina y continuar nuestro viaje de regreso a Sanford, después de unas mini vacaciones. Era medianoche y todo estaba oscuro y la lluvia no cesaba. Como no tenía opción, la primera estación de gasolina que se topó en mi camino ahí paré. Desafortunadamente, no tenía nombre alguno y lo peor de todo es que no sabía ni en donde estaba. Me perdí.

Pues bien, le eché de esa gasolina sin nombre y seguimos nuestro camino. A los pocos minutos, el carro comenzó a fallar. Empezó hacer intento de apagarse pero aún así logramos llegar a Sanford.

Al día siguiente, cuando me disponía a ir al trabajo, el carro no me prendió. De obligación tuve que llamar a mi queridísimo y amado Beduino Del Desierto para que me ayudara. Me dijo que tenía que resolver algo de las tablillas y que si no podía ir de inmediato vendría al salir de su oficina.

Eran las 8pm y no me había llamado. Pensé que él no cree que sea cierto, pues, ¿se acuerdan lo que pasó con "el ring" de la goma? Bueno, decidí mandarle un mensaje de texto explicándole lo que pasó con mi vehículo en detalle. Inmediatamente me llama y me dice que estaba en Tampa en una subasta y que tan pronto saliera iba a ir a mi casa para verificar lo que estaba pasando con mi vehículo.

Lo único que trastornaba mi mente era lo que pudiera pensar. ¡Era tardísimo! ¿Cómo caramba a esa hora iba a verificar lo que tenía mi vehículo si estaba totalmente oscuro y hacia demasiado frío?

Pasaba el tiempo y se hacía más y más tarde. No iba a esperar más y me fuí a dormir. A media noche suena el teléfono. Era mi Beduino que estaba cerquita de mi apartamento. ¡Ahora sí me temblaba el corazón!

Ahora se añadía una nueva preocupación a la que tenía ya: no quería que por ningún motivo fuera a mi baño exótico. Mi baño, ¡sí, mi baño! Era el más raro del mundo. Para que entiendan lo peculiar que era, se los describiré muy sencillamente. Lo primero que encontrabas al abrir la puerta era la cortina de baño, luego la ducha, el lavamanos y después el inodoro. Era tan chiquito y estrecho que solo cabía una persona de lado. Cuando te bañabas se mojaba todo. Siempre había mucha humedad, lo que creaba moho en las paredes. El baño estaba pintado de rojo pero de tanto frotar para tratar de sacar ese moho parecía como si Picaso hubiese estado allí y con tanta furia hubiese creado una de sus obras maestras.

Lo más bonito de ese disque apartamento era una vieja chimenea que por las noches servía de entrada de unos proyectiles voladores llamados cucarachas voladoras, que en vez de tú seguirlas para matarlas, te seguían a ti para asustarte y mi cuarto que estaba decorado al estilo árabe que daba un aire de romanticismo.

Suena el teléfono y era ese hombre que me hace temblar y me dice que está a una cuadra. No podía controlar mis emociones, temblaba . . . no sabía si de nerviosidad o de frío, solo sabía que temblaba. Salí para esperarlo. De momento, veo ese Príncipe Encantado haciendo su entrada triunfal. ¡Qué bello se veía! ¡Todo un Beduino Del Desierto!

Lo primero que hizo fue darme muchos besitos y abrazos tiernos y como todo un caballero me pregunta si quiero entrar a su carro en lo que él verificaba el mío, pues notó que temblaba como terremoto. Yo le dije que no. ¡Claro que no! ¿Cómo me iba a perder semejante vista y ver cada detalle de su figura descomunal?

Bueno, entre chequeo y chequeo me daba más y más besitos y yo flotando en mi alfombra mágica. Me dijo lo que le pasaba a mi vehículo. Era el tanque de gasolina. La gasolina que le había echado en Jacksonville era muy mala, agua pura. Él compró un limpia tanque y probamos el carro para saber si funcionaba o no. Pero . . . . .

— Necesito calor – me dijo con voz pícara.

Yo solo sonreí. Fuimos a probar el carro y aparentemente todo estaba bien. Pero . . . sí hay otro pero. Me pregunta:

— ¿Puedo usar el baño?

¡Oh Dios! ¿He escuchado bien? Sí, dijo EL BAÑO. ¿Por qué me hace esto a mi? ¿Por qué le dan ganas ahora? ¿Por qué no se aguanta? Hubiese querido decirle que no, que fue clausurado por proyectiles voladores o porque Picaso no terminó su obra o cualquier estúpida excusa, pero no pude decir palabra, solo hice gesto de sí y con la mano le hice seña donde se encontraba.

Gracias a Dios, lo que alumbraba mi hogar esa noche eran unas románticas velas que tal vez opacaban un poco la obra maestra de ese baño. Todo estaba limpio y perfumado.

Al salir del baño me busca desesperado. Yo pensé que iba a criticar la obra de Picaso pero no fue así. Al parecer esto le accionó el botón de la pasión. Me miró con ojos brillosos y muy intensos. Comenzó a besarme como un loco Beduino Del Desierto. Ese rojo de ese baño exótico energizó esa noche de invierno en una noche tropical.

¡Ese momento fue mágico! Yo era su Odalisca y él era mi Beduino . . .” *Su piel del desierto me tienta . . . y cuando en un encuentro fugaz te entregas me elevas en una alfombra mágica donde solo existe este amor que me enloquece que aunque luche en su contra cada día crece . . . cada vez que me abrazas y me envuelves en tu olor masculino, me llenas el alma, ¡Entonces vivo! ¡Soy toda tuya y tú todo mío”!*

Cuando las aguas volvieron a su cauce . . .

-    Yo no quiero herirte—dijo con melancolía.
-    Tú no me vas a herir y no digas nada más—dije.

¿Por qué me tiene que subir hasta las nubes y despúes dejarme caer como una buena plasta de mierda? Los hombres tienen ese don. Son perfectos magos, perfectos ladrones . . . y como Ali Baba y sus cuarenta ladrones desapareció en la oscuridad de la noche robándose mi corazón.

*Poema: A Mi Beduino

CAPÍTULO 12

LA ODALISCA NINJA

¡Wao! ¿Cómo puedo explicar lo maravillosa que me siento! Podría bailar mi vals preferido con mi ajenjo ex-esposo; cruzar el Desierto del Sahara sin agua y sin camello . . .

Es que es tan maravilloso disfrutar cada momento de la vida. No necesitas irte de viajes o tener dinero . . .

En las cosas más simples es donde está la felicidad.

En los pocos momentos que he estado con mi Beduino los he disfrutado a cabalidad. Para mí, todo momento con él es maravilloso.

¡No hay tiempo que perder! Yo aprovecho toda oportunidad para ver a mi Beduino sin que se de cuenta que suspiro por su amor.

A mi amiga Anaan le chocaron su vehículo y no es la primera vez. El pobre chonguito no hace más que recibir cantacitos de aquí y de allá. Ya no da para más "na". Ella me pide que fuésemos a ver a mi Beduino para ver los carros que tiene en su negocio.

¡Ja! ¡Preguntarme a mí! ¡A mí, que solo busco cualquier excusa para verlo!

Anaan me fue a buscar y nos dirigimos a su negocio. Cuando nos estábamos acercando mi estómago se retorcía de nerviosismo. Mi corazón daba señas que lo iba a ver, pero mi mente me dio un alerta que ese día él no estaría en la oficina pues todos los jueves iba a la subasta. Así que mi estómago se tranquilizó.

De todos modos fuimos porque aunque no estaba, estaría su asistente. La oficina estaba abierta, pero no había nadie. Decidimos 'echarle un ojo a los carros'. Durante nuestro recorrido vimos a lo lejos al que parecía ser su ayudante: un señor doblado en el suelo, de espaldas y arreglando algo. Nos fuimos acercando poco a poco sin hacer absoluto ruido. Yo tomo la delantera y me paro de espaldas a él y solo espero que él se levante para hablarle. Él se levanta, gira hacia mí, él grita, yo grito, y por poco me da con una herramienta que tenía en su mano.

— ¡No me vuelvas a asustar! ¡Por poco te hiero!—dijo mi Beduino con voz temblorosa.

¡Era mi Beduino y no lo reconocí! Y por si acaso no se habían dado cuenta, querido lector, la que se asustó fui yo al ver que era él. De una cosa si estoy segura puedo conseguir trabajo como Ninja pues ni el paso de mi sombra se hizo notar.

Después de brincar de susto en susto, me da un abrazo fuerte. Se veía espectacular: una polo amarilla, un jacket y unos vaqueros que lo hacían ver todo un hombre atractivo.

Entramos a su oficina y Anaan comenzó a hablarle de negocios y yo a obsérvalo a ver si encontraba alguna manera de desilusionarme para arrancarlo de raíz de mi corazón porque a la verdad no se puede vivir así, entre solo momentos, entre nerviosismos y solo las emociones emergían cuando nos veíamos, fuera de ahí no ocurría nada más.

Empecé a observarlo detenidamente, sabía que encontraría algún defecto físico que me desilusionaría: esas pecas le daban un toque especial, su prematura calvicie lo hacía interesante, su tic tac nervioso hacía que su boca pareciera sexy . . . . ¡me doy! No puedo seguir, se supone que tenía que encontrar defectos no encantos. No observé más. Mientras más lo hacía más me gustaba.

Cuando llegó la hora de despedirnos fue muy caballeroso y nosotras unas damas. Nos montamos en el automóvil y solo hubo un adiós normal. Cuando salimos del área, Anaan me dice que se puso tan nerviosa cuando mi Beduino se asustó y por poco me da con la herramienta que tenía en la mano, que se le atragantó la goma de mascar y no se atrevía a pedir ni tan siquiera agua. A propósito, el agua estaba justo a su lado. Tuve que darle un caramelo para que se le bajara la goma de mascar.

Otra noche más soñando con pájaros preñados.

— *Zikiya, jamás sabía que tenía el don de un Ninja, no le tengo que envidiar nada a esos expertos en artes marciales.—dije orgullosa de mi nuevo don.*

— *¡Dios Mío! Me hiciste reír como loca. Amiga querida, ¡cómo lo amas! Si tan solo se diese cuenta coño!!!! Él no sabe lo que podrías hacer, como él nunca soñó ser . . . pero recuerda, es un Beduino Del Desierto, misterioso y libre como la arena que vuela en el desierto . . . ¡Oh Dios, lo que hace el amor en nuestras vidas, nos trastornas el alma, el corazón y nos enloquece . . . ! ¿Qué se puede hacer? Estas viva y es parte de vivir . . . ¡AMAR A PLENITUD!*

— *¿Qué puedo decir Zikiya? Como me dijiste una vez:*

" En el amor : ¡No pienses, siente!"

Capítulo 13

RESUELTO EL ACERTIJO

Anaan ha tenido tantos problemas con su carrito como ya les había contado, que por fin decidió comprarse uno aunque fuera usado. Me dice que quiere ir nuevamente al negocio de mi Beduino para ver si habían llegado vehículos nuevos. ¡Aja! Palabra mágica, "V E H Í C U L O S" . . . y sin ningún pero le dije que la acompañaba.

Inmediatamente comencé a prepararme, estaba como "El Principito", eligiendo poco a poco y con cuidado mi vestimenta, mis accesorios, mi maquillaje . . . quería que me viera como su Odalisca en su Oasis.

A las 6:00pm, Anaan me fue a buscar y nos dirigimos a mi Oasis (el nogocio de mi Beduino). Cuando llegamos, no había señas de él pero salió a nuestro encuentro un señor bajito, gordito y de ojos verdes. El señor, muy amablemente nos ayudó a buscar un vehículo adecuado para los gustos de mi amiga. Mientras caminábamos por el área mirando los vehículos, va entrando un vehículo. El que guiaba ese vehículo lucía alto y muy guapo y a su lado había una muchacha muy bonita. Mientras más se acercaba su figura lucía muy familiar. Sí, era mi Beduino con su hija mayor. Nos saludó muy serio. Por un momento me sentí mal pero después comprendí que él tenía que guarder apariencias frente a su hija.

Anaan le dice que quiere comprar un carro que ya había visto y él muy gentil nos dice que fuéramos a probarlo y así lo hicimos. Cuando regresamos, yo salí del carro primero y Anaan se quedó inspeccionándolo en su interior. Mi Beduino se aproxima y como gacela me roba un beso. Sentí sumergirme en las arenas del desierto . . .

Él seguía robándome uno, dos, tres besitos. No dejaba de besarme y acariciarme. Anaan, me pregunta donde quedaba el servicio sanitario de damas, yo le indico y cuando ella se fue, siento un halón de pelo y el sello del beduino fue cerrado.

Me sentía como una adolescente de 15 años. Tenía temor que Anaan saliera y nos viera. Al oír la puerta que se abría, todo quedó en la normalidad. Entramos todos a su oficina para comenzar el papeleo de compra. Afortunadamente, teníamos que regresar al día siguiente pues Anaan no tenía todos los documentos a la mano.

Al día siguiente, estuvimos a la hora pautada. Cuando llegamos a la oficina, estaba inundada de varios beduinos. En la entrada había un hombre alto y guapo fumando; otro estaba con un pie adentro y otro afuera también fumando y dentro de la oficina habían dos más fumando junto a mi Beduino. Todos parecían chimeneas ambulantes. Cuando entramos, era tan fuerte el humo que Anaan y yo empezamos a toser, casi nos asfixiamos de tanto humo. Al notar esto mi Beduino nos pregunta:

— ¿Les molesta el humo?

¡Qué necio! Claro que nos molestaba, si casi nos asfixiamos de tanto humo, mis ojos lloraban y no paraba de toser. Se disculpó y salió de la oficina junto con los otros a fumar esos malditos cigarros que solo sirven para ir matando a la gente poco a poco. ¡Eso es lo mucho que aman sus vidas!

Anaan se sienta frente a su escritorio y yo me siento en un escritorio opuesto al de él, un poco distante pero en un ángulo que podía ver todo lo que pasaba. Mi Beduino comienza a darle todos los papeles que le faltaban por firmar y Anaan a darle aquellos que le faltaban por entregar.

Yo, leía un libro o hacía que leía. Había un rotundo silencio pero ese silencio fue interrumpido cuando mi Beduino dice:

— Yo no confío en las mujeres.-dijo mirándome como si yo hubiese hecho algo.
— ¿Qué demonios le pasa a este?—me decía a mis adentros.
— Las mujeres no confían en los hombres porque todos están cortados con la misma tijera – dije furiosa.
— Es verdad—dijo mi Beduino con tono burlón.

Esto me hizo pensar que la razón por la cual se mantiene a distancia conmigo es porque no confía en las mujeres. En cierto modo, le doy la razón porque él ha tenido dos experiencias no muy buenas.

A veces nosotras las mujeres dañamos nuestra reputación. Nos olvidamos que existe la frase "dignidad de mujer".

A veces las experiencias crean un campo de fuerza en las personas que no permiten que nada entre o que nada salga. En ocasiones, en estos momentos cuando llega el amor verdadero y lo dejamos escapar por ser tan necios y no dar una oportunidad. Es como cuando tomamos agua y se no escurre por las manos.

Pero no somos culpables de crear ese campo de fuerza, solo lo creamos porque nos sentimos débiles, nos da miedo volver a amar y que nos vuelvan hacer daño. Pero la vida es un riesgo. Hay un refrán que dice: *"el que no arriesga no gana"*.

Los cobardes siempre tienen miedo pero los héroes son los que siempre tienen el coraje y el valor de luchar, de caer y volverse a levantar, de hacer que su nombre sea escrito en la historia y no sea escrito en la arena donde el vaivén de las olas borran su historia.

Eso es lo que le pasa a mi Beduino. Hombre fuerte, luchador pero cobarde y débil en las cosas del amor. Son etapas que hay que pasar cuando somos decepcionados pero todo depende de nuestra actitud mental. Si fuera por las experiencias vividas entonces jamás yo creería en los hombres.

Nunca se debe perder la fe en el amor. Si uno plantea una idea en su mente queda preso de esa idea. Aunque a veces seamos selectivos, la vida es una lotería, a veces ganamos, a veces perdemos, pero de todo aprendemos.

—   Definitivamente, ya tienes las respuestas a todas tus dudas . . . no confía en las mujeres. Tiene heridas que sanar y no es tu culpa su desconfianza. Si lo amas tanto, quién sabe si eres tú la que se gane la confianza otra vez. **¡El amor tan divino!** – dijo mi amiga Zikiya.

—   El amor es más hermoso cuando es compartido. Yo creo en el amor y seguiré creyendo aún cuando a veces tenemos muy malas experiencias que distorsionan estos sentimientos. De toda experiencia uno aprende. Si nuestras experiencias las tomamos de una manera positiva, como lecciones, entonces, el amor hace su función. Aprendemos a amar más, a valorizar lo que tenemos, a ser mejores, a abrirnos a nuevos horizontes – dijo Najya mirando hacia el cielo.

El amor es como una constante lucha; es como el océano. Lo que tienes que hacer es sentarte firme en el bote, agarrar bien el timón, dirigiéndote con firmeza, con enfoque y tener la certeza que llegarás a puerto seguro.

¡LA MEJOR BRÚJULA: TU CORAZÓN!

CAPÍTULO 14

LA PATA DE CAMELLO

"Cada mujer siente diferente pero todas necesitamos amor"

Vionette Pietri

Estaba acabando de llegar de mi trabajo y se me vino a mi mente la imagen de mi Beduino. No sé porqué pero sentí un fuerte impulso de llamarlo. Hacía varios meses que no sabía de él. Ni él me llamaba ni mucho menos yo. Estaba indecisa si lo hacía o no. ¿Por qué habría de temer? Solo lo tenía que mirarlo como una amiga que quería saber de su buen amigo. No quería que pensara que todavía me moría por él. Al final de cuentas, lo hice, lo llamé. No resistí la tentación.

Cuando él contestó el teléfono se oía un poco raro. Me pregunta que ha sido de mi vida. Me dice que se sentía mal, que se fue temprano de la oficina y que estaba en su casa. Me pide que si podía ir a verlo. Yo por un momento titubeé, pero mi corazón fue más fuerte y le dije que sí, que ya estaba en camino.

Cuando llegué, la puerta estaba abierta. No lo veo en la sala, así que sigo hacia su dormitorio. Allí estaba, muy arropadito y muy enfermito. ¡Pobrecito! Él me pide que me recueste a su lado y me comienza a dar besitos muy tiernos, estaba muy noñito. Lo acaricio, le doy masajitos y en cuestiones de segundos se quedó dormidito como un lirón.

¿Y ahora que iba a hacer yo? Él dormido, enfermo y yo como una estaca. Me da por observarlo como dormía y el sube y baja de sus ronquidos; lo arropo porque estaba temblando; observé cada detalle de su carita, cuento las respiraciones, los suspiros, era toditito mío, estaba indefenso, le susurraba al oído cuanto lo amaba . . .

De repente, él hace un movimiento brusco y lo único que vi salir de esas sábanas blancas . . . ¡Oh Dios! ¿Qué es eso? Nunca había visto nada igual. Es impresionante, grande y peludo . . . me le quedo mirando con mucha curiosidad y no podía aguantar las ganas de reírme . . . . quería llamar a mis amigas Anaan y Zikiya para contarles el impresionante descubrimiento ante semejante aparato . . . pero no podía, estaba tiesa.

¿Cómo poder contenerme ante un pie grande y peludo, con un uñon que lo que parecía era "la pata de un camello"?

¡Dios mío! ¿Qué es lo que me gusta de este hombre? ¿Por qué me atrae tanto? No, no es el físico porque a pesar de que es un hombre elegante, no es un "adonis". Pero, tiene algo que desde la primera vez que lo conocí me dejó anonadada, tal vez sea su SEGURIDAD. Él proyecta una seguridad increíble y va mezclada con su inteligencia, su masculinidad y sobre todo ese acentito extranjero que me ablanda los pies.

¡ESTOY ENLOQUECIENDO POR ESTE PATA DE CAMELLO!

CAPÍTULO 15

LA CAPERUCITA ÁRABE

"A mal tiempo, buena cara".

Anónimo

¡Llegó el día! El día del "jaque mate". El día en que le bailaré a mi Beduino. ¡Qué emoción! Mi corazón palpita a millón. Le demostraré que puedo ser tan exótica como las mujeres de su tierra.
Nuevamente, estaba como "El Principito", seleccionando cada color, cada pétalo, cada perfume . . .

Por meses había practicado La Danza De Los Siete Velos. Había elegido con mucho cuidado mi maquillaje, mis adornos, mis accesorios, mi vestuario, para verme ante él como la Diva más hermosa de sus sueños.
Ese día estuve ocho horas preparándome y disfrutando cada momento, pues lo estaba haciendo para el Rey De Mi Corazón.

Se acercaba la hora y mi estómago no resistía tanta emoción. Mi amiga Anaan estaba más nerviosa que yo, pues sabía cuánto significaba esa noche para mí. Ella se fijaba en esos pequeños detalles que yo no podía ver. Ella quería que yo brillara como diamante pulido.

— ¡Estás Hermosa!—me dijo Anaan con su sonrisa angelical.

Sí, estaba y me sentía hermosa pero con tantos velos envueltos en mi cuerpo me sentía como "wrap" de pollo. Estaba lista pero sentía que me faltaba algo, un toque especial . . . miro a mí alrededor y en una esquinita veo una canasta con vinos añejados. La tomé, le puse dos copas, unas velas, pétalos de rosas y ya estaba lista la canasta para mi "close encounter".

De camino a su apartamento pasé por su oficina y lo vi sentado en su escritorio con dos clientes, esto no me dio buen presagio pero seguí mi camino. Cuando llegué a su apartamento lo llamé y le dije que lo estaba esperando. Le pregunté cuando vendría. Él me indica que estaba todavía en el trabajo con dos clientes y que iba a salir tarde, que lamentablemente esa noche no podría ser y siguió dándome explicaciones que para mí no tenían ningún sentido. Lo interrumpí y con mucho coraje le dije:

— Ok, ok . . . Ya está bien. No hay problema. ¡Qué pases buenas noches!

Le colgué con mucha furia. Llegué a mi apartamento con muchos sentimientos encontrados: coraje, decepción, frustración, tristeza y muchas ganas de llorar pero no me salían las lágrimas.

Toco la puerta de mi apartamento porque ni teniendo las llaves a la mano no podía abrirla. Anaan abre la puerta y al verme se sorprendió y me pregunta porque regresé tan rápido. Le cuento todo lo que sucedió con lágrimas en los ojos. Ella me abrazó y juntas lloramos mi frustración. Cuando me desahogué, tomé mi teléfono y le mandé un mensaje de texto que decía:

" Me estuve preparando todo el día para ti . . . practiqué por meses mi
baile y hace unos minutos me dices que no puedes. Heriste mis
sentimientos . . . ¡Renuncio! Perdiste una mujer que te ama de verdad por la
persona que tú eres. Buena suerte en tu vida . . . ¡INCHALLAH!"

Me sentía que mi corazón iba a estallar en mil pedacitos. Empecé a llorar sin control. No sé si de rabia o tristeza pero lloré y lloré. Anaan se abrazó a mí y se unió a los sollozos de mi corazón.

De momento, Anaan me mira muy extraña, me señala y se empieza a reir a carcajadas y le pregunto qué es lo gracioso y a duras penas me dice:

> — Gracias a Dios que tu Beduino no te vió, porque entonces sí, hubiese salido corriendo como gacela porque pareces la quincallera del barrio envuelta en todas esas cortinas de colores.

¡Oh Dios! Nos empezamos a reír como locas sin control. Esos siete velos confeccionados con cortinas de colores que me sacaron de apuros porque mis velos no llegaron a tiempo, más ese "bondo" hacían que pareciera a la "cucarachita Martina" . . .

Nos reímos hasta más no poder. También lloramos, pero esta vez de la risa y entre lágrimas y carcajadas, Anaan me dice:

> — ¿y que tal ese vinito que llevabas añejando por años y regresó a la casita otra vez?

¡Qué noche! Una noche triste se convirtió en una noche de risas, de liberación del alma ante una frustración. Una noche en la que descubrí que tengo una amiga-hermana del alma. Una noche en la que descubrí que los buenos amigos siempre están en las buenas y en las malas situaciones.

Él nunca sabrá cuánto empeño y amor puse esa noche, preparando un idílico momento para él. Pero, siempre he dicho que todas las cosas pasan por una razón. Tal vez, todavía no era el momento o tal vez no es él quien merece el honor de disfrutar esa danza que para mi significa mucho.

TODO VIENE EN SU JUSTO MOMENTO, NI ANTES NI DESPUÉS.

Capítulo 16

DECLARACIÓN DE INDEPENDENCIA

Hoy, 9 de Julio declaro La Indepencia De Mi Corazón. Eso es lo que quiero. No quiero ver como mi Beduino tira por el pozo todas las cosas que he hecho para hacerlo sentir feliz, para demostrarle cuanto lo amo por lo que es y no por lo que tiene.

El amor es de dos, el amor es compartido. Yo no puedo luchar en contra de la corriente. Yo sé que me ama pero no como yo quisiera. Yo no puedo tirar mis perlas a quien no tiene el honor de recibirlas. He intentado demostrarle que yo no soy igual que las demás; pero en él, es más fuerte su desconfianza que el amor que yo pudiera sentir.

¿Cómo puedo sacarlo de mi mente y corazón? ¿Cómo puedo tener un corazón independiente? Es más fácil sacar a alguien que te ha hecho mucho daño a alguien que no.

Por más que intento mis esfuerzos son infructuosos. Él está pegado aquí, en lo más profundo de lo que uno llama corazón. ¡Maldito Corazón! Es traicionero, se burla de mí. No me deja vivir en paz. Me hace pensar cosas que no quiero pensar y me hace hacer cosas que no quiero hacer. Es mi mejor amigo y se convierte en mi peor enemigo.

¿Cómo lo puedo arrancar de raíz? ¡Ay! . . . ya no puedo más, con una de sus pestañas, hijo de mi alma, he de ahorcarme yo . . .

Por eso, hoy decido declarar la independencia de mi corazón y luchar por no caer nuevamente en sus redes. No voy a sucumbir en sus designios de su amor a tiempo parcial.

Mi amiga Zakiya me escribió en nuestra comunicación vía correo electrónico:

" La vida es así. A veces el corazón nos lleva a lugares que jamás imaginamos pero todo tiene un propósito, algo bueno saldrá de esto . . .

No sé si sea la boda o una nueva vida, lo que sé es que pronto tiene que venir un desenlace. Si él siente algo por ti, él te buscará y te pedirá disculpas, si su corazón está seco como el desierto, te dejará ir sin disfrutar el amor más grande que jamás haya podido vivir. ¡Pobre de él si se pierde lo que le ofreces . . . !

Amar duele y más bajo tus circunstancias que no puedes expresar el torrente de sentimientos y pasiones que te hace sentir tu Beduino Del Desierto. De todas formas, siéntete feliz de la capacidad de amar que posees . . . y de que has amado verdaderamente. Hay personas que nunca aman y pasan la vida gris. Estoy segura que pronto celebraremos buenas nuevas pues eso es lo que mereces de la vida y del amor . . .
¡SOLO LO MEJOR!"

Capítulo 17

EL TRAJE AFRICANO

"Las cosas más valiosas son las
cosas que el dinero no puede comprar".

Inédito Nilda Acosta

Lo que prometí lo he cumplido. No he visto a mi Beduino por meses. Pienso en él, a veces, y no lo niego. En ocasiones, me dan deseos de llamarlo o verlo. ¿Por qué debo hacerlo? ¿Por qué él no tiene la iniciativa?

Si alguien te ama o tú le interesas, te busca, te llama, te demuestra que tú eres lo más importante. Hace unos meses atrás volví a encontrarme por una página de internet muy popular, a un viejo amigo colegial. Él estaba radicado en Zambia, África, trabajando como Diplomático de la Unión Europea. Los recuerdos que tengo de él, durante el período universitario, es que siempre fue un "come libro" y un caballero.

Comenzamos a hablar frecuentemente por teléfono. Él me llamaba desde África y a la verdad esas conversaciones eran muy amenas y positivas. Me encantaba hablar con él porque me daba mucho ánimo. Su percepción de la vida era muy alta. Un día recibo una invitación suya, en la que me pedía que lo acompañara a una fiesta de su clase graduanda en Rincón, Puerto Rico. El plan era que él viajaría de África a Guadalupe y de ahí a Puerto Rico y nos encontraríamos en la Isla Del Encanto. Él me iría a recoger al Aeropuerto de Aguadilla y así lo hicimos como acordamos.

Antes de partir, le leí "la cartilla", como diría mi padre. Ese viaje tendría un propósito: conocernos nuevamente como amigos y nada más.

Las personas cambian por las experiencias vívidas y lo que uno fue una vez no lo es más. Las experiencias te van moldeando tu personalidad. Así como un alfarero va moldeando su envase y le da la forma que quiere, la vida te moldea a su manera.

En el avión, me preguntaba una y otra vez, si lo que estaba haciendo era lo correcto. Tenía que darme una oportunidad, tenía que olvidar a mi Beduino. Dicen por ahí que "un clavo saca a otro clavo", ¿será verdad? Como se había planificado, mi amigo me fue a buscar al Aeropuerto pero no sé porqué no me sentía a gusto ante su presencia. El encuentro después de veinte años no fue lo que esperaba. Sentía energías raras y estaba muy incómoda. Cuando siento energías negativas siempre hago caso a mis instintos.

Le comento que no quería ir a la fiesta y que preferiría ir a la casa de mis padres. A él no le gustó mucho la idea. Pero tendría que aceptarlo porque yo hago siempre lo que quiero y como quiero, nadie es dueño de mí para ordenar que debo de hacer o que no.

Me llevó a la casa de mis padres y una vez allí me sentí aliviada. Disfruté con mi familia, la pasamos de maravilla. Por la noche le pedí a mi hermana que me llevara al Hotel donde estaría mi amigo diplomático para poder hablar con él y decirle que hasta allí llegaba yo. En verdad, no me sentía nada a gusto y es que me embargó tanta energía negativa que cuando esto me sucede tengo que darle un pare inmediatamente a la situación.

Cuando llegué, él no había llegado aún de su fiesta. Me quedé esperándolo en el área de la sala. Pasaba el tiempo y no llegaba. Me quedé dormida. De repente, siento el sonido de la perilla de la puerta. No abrí los ojos y no sé porqué.

Siento que rebusca en sus maletas algo. Oigo ruidos de bolsas y de momento siento que me quiebran la espalda con un manoplazo y me jamaquean para despertarme y darme un regalo: **un traje africano**.

He abierto los ojos con ganas de quebrarle todos los sentidos por animal, bruto y salvaje, pero cuando mis ojos se abrieron, entonces si quería descuartizarles las entrañas. Se había quedado en ropa interior que le pedía "auxilio" y en la mano derecha aguantaba ese traje africano color anaranjado.

No pude dejar de expresarle todo lo que sentía y reclamarle el porqué no respetó las pautas establecidas. Estuvimos hablando desde la a-z y al fin y al cabo, el maldito diplomático guardó ese traje africano color anaranjado que según él le costó mucho dinero y fue expresamente comprado en Nigeria, África para mí.

Esto es lo que yo llamo un desecho tóxico, una escoria de la humanidad. Él quería comprar mi amor. Mi amor no se compra ni se vende. El amor no es obligado, se nace del corazón y punto.

Lo que les puedo decir es que esos días me quedé con mi familia. Me liberé de una condena tóxica. Mi hermana para aliviar la situación desastrosa que pasé, me invitó a flochear ese 'traje africano' en un restaurante cerca de la playa en uno de los lugares más bellos de Puerto Rico.

Después de disfrutar de una cena exquisita, una brisa marina, el vai-ven de las olas y unos cuantos surfers dándole a la tablita . . .

— Pues ahora viene el "shot"—dijo mi hermana.
— ¿El qué? – dije muy intrigada.
— El "shot" que nos vamos a tomar. El "shot" de "Poncha y Vuelve (es una bebida especial de la casa, que contiene Zambuca blanca, crema de menta, Bayley's e Irish Cream).
— Milly, yo nunca bebo – le repetía una y otra vez a mi hermana.
— Ahora es la gran oportunidad de hacerlo para que flochees de una vez y por todas a ese traje africano.
— ¡Oh Dios! ¡Linda me voy a ver borracha! Ok, zúmbalo para acá que vamos a flochear a ese maldito traje africano, a ese diplomático creído y de paso a mi Beduino; tres en uno, ¡qué bien! – dije muy emocionada.

Mientras me daba esos famosos "Poncha y Vuelve", recordaba las palabras que mi buena amiga del alma, Zekiya, me escribió una vez:

" . . . El amor es lo más difícil del mundo . . . lo mejor está por venir a ti, cuando seas correspondida tal como mereces y necesitas. Cuando no te ofrezcan un mundo irreal como muchos hacen y te pidan que simplemente le tomes la mano por la vida . . . con sus buenos y malos momentos . . . ese hombre real va a llegar a tu vida, para estar solo para ti, por encima de trabajos, mujeres, hijos, lo que sea. Tú vas a ser lo primero. Enfócate en ti y en liberarte de recuerdos del pasado, en sanar tus heridas. ¡PREPÁRATE PARA EL VERDADERO AMOR! Cuando el amor llegue a tu vida, soñaras en grande . . ."

CAPÍTULO 18

¡DESCANSA SI TE URGE!

Esta soy yo. Yo cansada de caminar por el desierto del amor. Cansada por encontrarme tantas tormentas de arena.

¡Dios mío!, ¿es que no podré sacarme a este hombre que está tan impregnado en mi ser?

Mi Beduino Del Desierto, que me hace estar tan lejos y a la vez tan cerca. Ni mi abastecimiento de agua, dátiles y raíces secas me hacen recobrar la energía perdida para seguir caminando por el desierto de su amor.

Por eso, decido hoy, tomar un descanso emocional y mental en el Oasis de mi vida. Tomaré vacaciones de mi Beduino. Quiero abrirme a nuevas oportunidades . Quiero re-descubrirme para saber si lo que realmente siento es amor, pasión, una atracción o qué rayos es . . .

Estoy luchando con dos tormentas: lo que quiero y lo que no quiero hacer. ¿Qué es lo que quiero? Quiero amarlo y formar una vida con él. ¿Qué es lo que no quiero? No quiero tomar este estúpido descanso emocional y mental que me he impuesto. Pero la razón me domina y el corazón habla con su silencio.

¿Qué he hecho? Me he convertido en una gimnasta, haciendo veinte mil maromas para llamar su atención. ¡Qué estúpida soy! Yo no tengo que hacer maromas para que se fije en mí o llamar su atención pues nunca él va a ver la importancia de eso, solo yo. Solo las estatuas no sienten ni padecen y él es una de ellas. Siento que estoy luchando contra el "Ejército de Terracota", ¿o es que tan solo él no está enamorado de mi . . . ?

Nadie manda en el corazón de nadie y cuando alguien está realmente enamorado de ti, lo demuestra con detalles y es como la ATH . . . ¡a toda hora!

Yo no puedo obligar a nadie a amarme por más que sea la mujer perfecta. El amor se nace del corazón y es muy impredecible. Es como un ladrón, llega cuando nadie se lo espera y te ataca sin ninguna compasión. Te deja heridas y huellas que jamás se podrán borrar. La vida es así y nadie manda en los designios de ella.

Como me dijo mi buena amiga Yeira: ***"Dios no te va a quitar algo que sea remplazado por algo mejor".***

Capítulo 19

UNA TACITA DE TE

Me vino a la mente una historia que leí por internet hace mucho tiempo y quisiera compartirla contigo mientras nos tomamos un delicioso te verde. Aquí en esta historia está la esencia de tu vida y la mía:

— "Cuentan que había una vez un rey muy apuesto que estaba buscando esposa. Por su palacio pasaron todas las mujeres más hermosas del reino y de otros más lejanos; muchas le ofrecían además de su belleza y encantos, muchas riquezas, pero ninguna lo satisfacía tanto como para convertirse en su reina. Cierto día llegó una mendiga al palacio de este rey y con mucha lucha consiguió una audiencia. "No tengo nada material que ofrecerte, solo puedo darte el gran amor que siento por ti. Si me permites puedo hacer algo para demostrarte ese amor".

Esto despertó la curiosidad del rey, quien le pidió que dijera que sería eso que podía hacer. " Pasaré cien días en tu balcón, sin comer ni beber nada, expuesta a la lluvia, al sereno, al sol y al frío de la noche. Si puedo soportar estos cien días, entonces me convertirás en tu esposa".
El rey sorprendido más que conmovido, aceptó el reto. Le dijo: "Acepto. Si una mujer puede soportar todo esto por mí, es digna de ser mi esposa". Dicho esto la mujer empezó el sacrificio. Empezaron a pasar los días y la mujer valientemente soportaba las peores tempestades . . . muchas veces sentía que desfallecía del hambre y el frío, pero la alentaba imaginarse finalmente al lado de su gran amor.

De vez en cuando el rey asomaba la cara desde la comodidad de su habitación para verla y le hacía señas de aliento con el pulgar.

Así fue pasando el tiempo . . . veinte días, cincuenta días . . . la gente del reino estaba feliz, pues pensaban "¡Por fin tendremos reina!" . . . noventa días . . . y el rey continuaba asomando su cabeza de vez en cuando para ver los progresos de la mujer. "Esta mujer es increíble" pensaba para sí mismo y volvía a darle aliento con señas.

Al fin llegó el día noventa y nueve y todo el pueblo empezó a reunirse en las afueras del palacio para ver el momento en que aquella mendiga se convertiría en esposa del rey. Fueron contando las horas . . . ¡a las doce de la noche de ese día tendrían reina! . . . La pobre mujer estaba muy desmejorada; había enflaquecido mucho y contraído enfermedades. Entonces sucedió. A las 11:00 del día cien, la valiente mujer se rindió . . . y decidió retirarse de aquel palacio. Dio una triste mirada al sorprendido rey y sin decir ni media palabra se marchó.

¡La gente estaba conmocionada! Nadie podía entender porqué aquella valiente mujer se había rendido faltando tan solo una hora para ver sus sueños convertirse en realidad, soportando tanto!

Al Llegar a la casa, su padre se había enterado ya de lo sucedido. Le preguntó: "¿Porqué te rendiste a tan solo instantes de ser la reina?" Y ante su asombro ella respondió: " Estuve noventa y nueve días y veintitrés horas en su balcón, soportando todo tipo de calamidades y no fue capaz de liberarme de ese sacrificio. Me veía padecer y solo me alentaba a continuar, sin mostrar siquiera un poco de piedad ante mi sufrimiento. Esperé todo este tiempo un atisbo de bondad y consideración que nunca llegaron. Entonces entendí: una persona tan egoísta, desconsiderada y ciega, que solo piensa en sí misma, no merece mi amor".

MORALEJA: CUANDO AMES A ALGUIEN Y SIENTAS QUE PARA MANTENER A ESA PERSONA A TU LADO TIENES QUE SUFRIR, SACRIFICAR TU ESENCIA Y HASTA ROGAR . . . AUNQUE TE DUELA, RETÍRATE. Y NO TANTO PORQUE LAS COSAS SE TORNEN DIFÍCILES, SINO PORQUE QUIEN NO TE HAGA SENTIR VALORADO, QUIEN NO SEA CAPAZ DE DAR LO MISMO QUE TÚ, QUIEN NO PUEDA ESTABLECER EL MISMO COMPROMISO, LA MISMA ENTREGA . . . SIMPLEMENTE NO TE MERECE.

*Escrito anónimo.

Capítulo 20

LAS PERLAS DE MI CORAZÓN

Este capítulo es dedicado a mi hija Rochelle

Hoy mi hija me escribió este mensaje de texto:

" Te amo mami porque eres la mejor mamá del mundo y cualquiera quisiera estar en tu vida. Siento mucho que tu Beduino no quiera estar en ella. Él es quien pierde una gran oportunidad y él jamás encontrará en este mundo a alguien como tú y una cosa más, TE AMO!"

Y esta fue mi respuesta:

" Mi amor, algunas veces la vida es así. Por alguna razón él no está conmigo y solo Dios sabe porqué. Probablemente él no es mi alma gemela y probablemente no reúne los requisitos que yo busco en un hombre. La vida continua y NUNCA por nadie ni por nada debes parar tu vida. Mi amor es como una perla y solo se la daré a quién tenga el honor de recibirla. Te amo princesa con todo mi corazón y gracias por ser mi hija maravillosa".

Desde mi divorcio el 6 de octubre del 2000 (jamás podré olvidar esta fecha, está enmarcada en el cuadro de mi corazón), hasta el día en que conocí a mi Beduino Del Desierto, me había olvidado lo que era el amor. Mi experiencia matrimonial fue tan nefasta que me dejó un mal sabor que me costó años recuperarme. Pensé que jamás volvería a amar.

Pero la vida tenía para mí un regalo, una cura . . . y era esa dosis que solo me la podía inyectar mi Beduino Del Desierto. Todo en la vida tiene un propósito y el de mi Beduino era llegar a mi vida y cumplir con un propósito: desmomificarme de ese estado de letargo en que me encontraba. Me hizo vivir, sentir, amar . . . hizo que me diera cuenta que soy una mujer completa y toda una Diva del Amor.

Por eso, solo le daré a mi Beduino una perla, se la merece porque me devolvió la vida que me fue robada sin ninguna compasión hace muchos años atrás. Mi Beduino, no sabes cuánto ha cambiado mi vida y le doy las gracias porque es y será muy especial en mi vida . . . ¡ANA BAHEBAK! *

***Ana Bahebak quiere decir 'te amo' en árabe.**

CAPÍTULO 21

EL JUEGO DE LA VIDA

El tiempo pasa y lo único que se mueve es el tiempo. No sé nada de mi Beduino. Tal vez, padecerá de una artritis severa que no le permite marcar diez números y preguntar como estoy. Pero a decir verdad, yo padezco de la misma enfermedad.

No es que me haya dado por vencida, simplemente, es que, el amor que tengo para dar tiene que ser recíproco. El silencio habló. El silencio dice más que mil palabras. Las cosas jamás pueden ser forzadas, se tienen que dejar fluir.

El juego de la vida es incierta: hoy sabemos dónde estamos pero mañana . . . eso nadie lo sabe . . . quien sabe lo que pueda pasar . . . tal vez estemos juntos como que no . . . tal vez cuando lea este libro se entere de una vez que lo amo con todo mi corazón; que tal vez ya sea tarde como que no . . . ¡así es el juego de la vida!

¡LO QUE ESTÁ PARA TI NADIE LO PUEDE QUITAR!

El amor es lo más maravilloso que existe. Cuando se presenta en tu camino disfrútalo, siéntelo, vívelo. De todas las experiencias aprendemos. Todo pasa por una razón. Todo tiene un propósito y esos propósitos nos llevan a un camino. A un camino que a veces recorremos y están llenos de espinas pero cuando continuamos y no miramos atrás llegamos a la flor perfumada. Llegamos fuertes, maduros y sabemos lo que queremos. En esta etapa de la vida nadie nos puede destruir.

Recuerda: todas las cosas que pasan en la vida es para aprender una lección, o para cambiar algo que no está bien, o para valorizar las cosas que tenemos. Todos esos cambios son necesarios para dar paso a una nueva vida, a un nuevo amor.

¡SABOREA, VIVE Y SIENTE EL AMOR!

Capítulo 22

UNA PARADITA EN MI TIENDA BEDUINA

¡Salam Alekum!* Ven, te invito a entrar a mi tienda beduina para que tomes un descanso en tu largo viaje por la vida. Refréscate, descansa y abastécete de lo esencial para que puedas hacer tu viaje sin problemas, pues en tu vida encontrarás Oasis pero también encontrarás Dunas y en ambos lugares debes de identificar lo primordial para vivir una vida plena. Así como los beduinos saben encontrar agua en el desierto, nosotras debemos saber encontrar lo esencial de la vida.

Siéntate y disfruta conmigo este delicioso manjar para que recobres las energías perdidas. Te ofrezco un poco de *Shai Ma Nana* (té con menta), te ayudará a "flochear" todo lo que te hace llorar y sufrir. Sécate las lágrimas, que no te dejan ver lo hermoso que está frente a ti. Prueba este rico postre, *Om Ali* (pudin de pan egipcio), que te dará la dulzura que necesitas para valorizar lo que tienes al lado tuyo. Usa esta *Burka* (ropa tradicional árabe), solo para taparte de las inclemencias del tiempo y no para tapar la belleza que hay en ti. Tu belleza comienza en tu interior.

Decídete a enfocarte en tí, a mimarte, a ver lo maravillosa que eres y a descubrir talentos que jamás pensaste que tenías. Prepárate para lo bueno que ha de venir. No pierdas el tiempo en auto compadecerte, ese papelito ya no está "á la mode". Estás perdiendo un valioso tiempo. El tiempo pasa y la vida se va y no hay tiempo que perder.

Las malas experiencias son como las tormentas de arena, pasan en un santiamén. Te daré mi *camello* (domina tu mente) y este *velo* (libros de motivación), para que cuando te sorprenda una tormenta de arena, puedas protegerte detrás del camello y cubriéndote con el velo puedas resistir el tiempo severo. No te olvides de agacharte bien al *suelo* (realidades de la vida) para que no puedas ser transportada. ¡Qué no te vaya a pasar como al Ejército del Rey persa Cambisés II, que está enterrado enterito hace veinticinco siglos por una tormenta de arena que se los tragó sin dejar rastros! Me imagino que así tú no querrás estar.

Quieres dejar huellas, quieres vivir y vivir a plenitud. Ama con intensidad pues amando dejarás huellas, sabrás que eres un ser humano y que tienes la capacidad de amar que otros no tienen.

¡AMAR ES VIVIR!

Sácale partido a tus experiencias, buenas o malas nos enseñan siempre algo. Úsalas para lo que ha de venir. Seguirás creciendo como las palmas de los Oasis. Todo el mundo querrá refrescarse en ese Oasis. Tú elegirás quien beberá de tus aguas porque tú tendrás el control.

Y por si acaso necesitases cortar algo de raíz, te obsequio mi *Khopis* (espada o sable de hoja curva en forma de u o en forma de hoz), córtalo de raíz y manda a volar todo lo que no sirve, lo que intoxica. Por último, te daré este *cofrecito* llenito de perlas, solo lo abrirás cuando tu amor verdadero llegue a ti. No necesitas buscarlo, el llegará a ti. Lo que deba ser seguro será . . .

¡CREE EN EL PODER DEL AMOR!

*Salam Alekum significa 'que la paz sea contigo'.

Capítulo 23

¿EL FINAL? . . .

Zikiya: " ¿Cómo vas en tu libro? ¿Ya sabes cuál será el final?
Najya: " No, no lo sé todavía. No he llegado al final de la historia."
Zikiya: "No lo necesitas, Najya*, tú eres el final de la historia* . . ."

**EL PODER DE UNA MUJER NO PROVIENE DE UN HOMBRE,
SINO DE LA FUERZA QUE ESTA DENTRO DE ELLA MISMA.**

*Libro "Detras del Velo, Busca La Diosa En Ti". Vionette Pietri.